Nicole Biarnés

Glücksorte
in Barcelona

Fahr hin und werd glücklich

Droste Verlag

Dieses Buch gehört
....
....

Liebe Glücksuchende,

es braucht nicht viel, um sich in Barcelona zu verlieben. Glücksorte gibt es hier wie Sand am Meer, also richtig viele. Manche sind schon recht bekannt, aber natürlich können einem auch Orte, die schon viele Menschen kennen, noch immer ein glückliches Seufzen entlocken. Andere Orte kennen bis heute nur die wenigsten. Solche eher unbekannten Glücksorte habe ich bei der Recherche für dieses Buch gesucht.

Barcelona ist mir in den fast 20 Jahren, die ich hier lebe, wirklich ans Herz gewachsen. Damit Ihnen das beim Lesen auch so geht, habe ich Orte ausgewählt, die einem ein Lächeln ins Gesicht zaubern, die kleine Seufzer auslösen und die man gern mit jemandem teilen möchte, weil sie einen einfach glücklich machen.

Dieses Buch ist mein Versuch, Vorfreude auf Barcelona zu wecken. Ein Buch, das Lust machen soll, kleine und große, bunte und lustige, lebendige und beschauliche Glücksorte selbst zu entdecken. Ein Buch über Barcelona, das Sie in diese schöne alte Stadt am Meer entführt, auf dass Sie schon beim Lesen von ihr verzaubert werden. Ein Buch, das Lust machen soll, kleine und große, bunte und lustige, lebendige und beschauliche Glücksorte selbst zu entdecken. Ein Bilderbuch mit Geschichten, die Sie in kleinen Häppchen genießen oder alle auf einmal verschlingen dürfen.

Ihre Nicole Biarnés

Deine Glücksorte ...

4

... noch mehr Glück für dich

Barcelona für Frühaufsteher

 Sonnenaufgang im Park Güell

Um den schönsten Sonnenaufgang in Barcelona zu erleben, muss man früh aufstehen. Aber es lohnt sich. Auf den größeren Hauptstraßen ist auch frühmorgens schon viel Verkehr. Doch in den engen Gassen des kleinen Viertels Gràcia ist es noch ruhig, nur wenige Leute sind hier zu Fuß unterwegs. Der Aufstieg auf den Hügel Turó del Carmel ist früh am Morgen sehr viel angenehmer als später am Tag, wenn die Sonne hoch am Himmel steht. Jetzt ist die Luft noch frisch und klar. Von Gràcia aus ist man dann auch schnell am großen Eingangstor zum Park Güell neben dem Hexenhäuschen im Zuckerbäckerstil angelangt. Punkt sieben Uhr öffnen die strengen Wächter die Pforte. Der offizielle Einlass beginnt ab acht Uhr. Wer früher da ist, am besten eben schon gegen sieben, zahlt noch keinen Eintritt und kann den Park in Ruhe erkunden.

Später wird es schnell voll. Dann kommen nicht nur die zahlreichen Touristen, sondern auch Eltern, die ihre Kinder hier zur Schule bringen. Im Park Güell befindet sich nämlich eine ganz normale Schule. Bis vor ein paar Jahren war der Park noch komplett öffentlich zugänglich, für jedermann, jederzeit. Der hintere Teil des Park Güell ist das noch immer. Dort trifft man auch Anwohner, junge Mütter und Väter, die mit dem Kinderwagen unterwegs sind, ältere Leute, die mit dem Hund spazieren gehen, oder Jogger, die hier eine Runde laufen.

Nur der von Gaudí bebaute Teil ist streng bewacht und kostet Eintritt. Morgens um sieben ist dort noch alles still. Die bunte Mosaik-Eidechse steht ganz allein auf der Treppe, keine Besuchergruppen drängen sich für ein Foto neben sie. Auch im Säulengang ist es angenehm leer, fast schon einsam. Eine Treppe führt nach oben auf die berühmte Terrasse. Von farbenfrohen Bänken eingerahmt erstreckt sich ein weiter Platz, der schönste Teil des Parks. Langsam erhebt sich die Sonne wie ein großer feuriger Ball und lässt die Dächer der Zuckerbäckerhäuschen am Eingang des Parks in morgendlichem Rosa erstrahlen. Barcelona liegt dir hier zu Füßen. Weit hinten kann man sogar das Mittelmeer sehen.

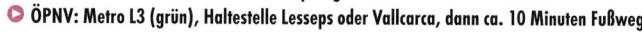

Park Güell, Eingang Carrer d'Olot, 08024 Barcelona
www.parkguell.cat
ÖPNV: Metro L3 (grün), Haltestelle Lesseps oder Vallcarca, dann ca. 10 Minuten Fußweg

Die Königin aller Schuhe

 2 *Espardenyes, Schuhe aus Naturmaterial*

In den Regalen stapeln sie sich in den buntesten Farben und diversen Formen: die bequemsten Schuhe der Welt. Und aus nachwachsendem Material sind sie auch noch. Keine teuren Designermodelle, sondern einfache Espardenyes, so heißen diese traditionellen Schuhe aus Naturstoffen in Barcelona, denen kaum jemand widerstehen kann. An der Wand hängen Fotos von prominenten Dichtern, Musikern und Schauspielern wie Jack Nicholson und Michael Douglas, die alle schon hier eingekauft haben.

Den kleinen Laden in der Altstadt Barcelonas gibt es bereits seit den 1940er-Jahren. Gleich nach dem Spanischen Bürgerkrieg hatten Herr Olivetti und seine Frau beschlossen, den Arbeitsschuhen zu einem neuen Image zu verhelfen. Aus den einfachen Espardenyes wurden bald Designer-Kunstwerke, und die Idee war ein voller Erfolg. Bald schon fanden die wohlhabenden Besucher Barcelonas und der nahe gelegenen Costa Brava Gefallen an dem bequemen Schuhwerk. Als glamouröse Prominente wie Jackie Kennedy, Grace Kelly und Sophia Loren begannen, Espardenyes zu tragen, dauerte es nicht mehr lange, bis die Leinenschuhe ihren Weg auf die Laufstege dieser Welt fanden. Auch der Künstler Salvador Dalí und der Modeschöpfer Yves Saint Laurent trugen bequeme Espardenyes.

TIPP In Deutschland hat sich der Name „Espadrilles" durchgesetzt. „Espardenyes" ist katalanisch, „Alpargatas" sagt man auf Spanisch.

Es sind Schuhe für Männer, Frauen und Kinder. Sie passen zu Hose, Rock und Badeanzug. Diese Sommerschlupfschuhe sind nicht nur schick und bequem, sondern so praktisch, dass sie sogar Bestandteil der katalanischen Polizeiuniform sind: Eine blaue Version namens „Valls" gehört zur Gala-Uniform der Mossos d'Esquadra, wie die regionalen Ordnungshüter heißen.

Früher wurden die Espardenyes aus Espartogras geflochten, ein sehr hartes, aber auch sehr haltbares Material. Später nahm man lieber Hanf, da die Sohlen damit weicher und bequemer, aber immer noch stabil genug waren. Seit ein paar Jahren hat sich nun Jute für die Herstellung der Sohlen durchgesetzt. Doch eins hat sich nicht geändert: Noch immer werden die Leinenschuhe in der Werkstatt von Hand zusammengenäht.

▶ **La Manual Alpargatera, Carrer Avinyo 7, 08002 Barcelona**
www.lamanualalpargatera.es
▶ **ÖPNV: Metro L3 (grün), Haltestelle Liceu**

Zeitvertreib im Park

③ *Spiele auf der Plaça Gaudí*

Wie jeden Freitagmorgen sitzen die älteren Herren auf der Bank und warten geduldig, bis sie an der Reihe sind. Andere stehen am Rande der „pista", wie das Spielfeld genannt wird, und beobachten kritisch das Treiben ihrer Konkurrenten und Mitspieler. Freunde und Nachbarn treffen sich hier im Schatten der Bäume, um miteinander zu spielen. Wer nicht mit den silbernen Kugeln beim Petanca beschäftigt ist, spielt etwa Domino oder Karten. Die Plaça Gaudí, nur wenige Meter von der Sagrada Familia entfernt, ist ein Treffpunkt der Einheimischen. Die Anwohner des Viertels haben nur wenige Grünflächen, die sie nutzen können, und hier im Schatten der großen modernistischen Kirche befindet sich eine davon. Auf einer Bank an der Seite des kleinen, von Grün gesäumten Platzes kann man gemütlich sitzend das Treiben im Park beobachten. Einige der Herren erscheinen zu ihrem regelmäßigen Treffen in frisch gebügelten weißen Hemden, andere in lässigem Poloshirt. Frauen kommen selten hierher.

Den Menschen in diesem kleinen „Club" geht es nicht darum, irgendeine Meisterschaft zu gewinnen. Bei allem sportlichen Ehrgeiz ist ihnen das Beisammensein wichtiger als das Sammeln von Punkten oder Medaillen. Bevor die Herren dann pünktlich zum Mittagessen wieder nach Hause gehen, genießen sie einfach für ein paar Stunden die Gesellschaft ihrer Altersgenossen. Stehend oder sitzend, spielend, ins Gespräch vertieft oder auch gern mal schweigend. Manchmal versammeln sich die älteren Herrschaften auch zum Kartenspielen auf dem kleinen Platz im Park. Heute haben sich ein paar der Herren sogar einen kleinen Campingtisch mitgebracht, an dem sie jetzt sitzen und das tun. Statt Herz, Karo, Pik und Kreuz zieren hier prächtige Schwerter, bunte Kelche, wertvolle Münzen und dicke Keulen die spanischen Spielkarten. Fröhlich widmen sich die Menschen diesem Zeitvertreib an der frischen Luft, ganz ohne Internet oder Fernsehen, während nur wenige Meter von hier die Touristen vor dem majestätischen Portal der Sagrada Familia stehen.

● Plaça Gaudí, Carrer de Lepant 278, 08013 Barcelona
● ÖPNV: Metro L2 (lila)/L5 (blau), Haltestelle Sagrada Familia

Süße Erfrischung

4   *Die Granja Viader und der Cacaolat*

Als der Milchbauer Marc Viader von einer internationalen Messe nach Barcelona zurückkehrte, brachte er eine neue Idee mit. Er wollte Milch mit Kakaopulver und Zucker als süßes Erfrischungsgetränk anbieten. Bislang kannte man Milch nur pur, ohne irgendeinen Zusatz, und die winterliche heiße Schokolade war so gehaltvoll, dass man sie kaum als erfrischendes Getränk betrachten konnte. Das war die Geburtsstunde des katalanischen Cacaolats. Das Produkt war ein voller Erfolg: Noch heute trinkt ganz Katalonien diesen Schokomilchshake, den sich Herr Viader in den Zwanzigerjahren des letzten Jahrhunderts ausgedacht hat. Am besten probiert man Cacaolat natürlich in der Granja Viader, einer kleinen Milchbar, die der Familie des Erfinders gehört. Schon das modernistische Gebäude ist beeindruckend. Entworfen wurde es von einem Kollegen Antoni Gaudís, dem Architekten Manuel Raspall. Innen ist die Granja heute noch genauso eingerichtet wie zu der Zeit, als Herr Viader den Cacaolat erfunden hat.

Das Wort „Granja" bedeutet eigentlich so etwas wie Bauernhof. Es ist aber gleichzeitig auch der Name für eine Milchbar. In dieser Art Cafeteria werden vorwiegend süße Sachen und natürlich diverse Milchprodukte serviert. Bier, Wein oder belegte Brote wird man hier nicht finden. Stattdessen trinkt man in einer Granja Cacaolat oder Orxata, ein Getränk aus Erdmandeln, und isst dazu Xurros, Croissants, Melindros, Crema Catalana oder Mel i Mató. Mató ist eine Art Quark oder Topfen, der mit Honig und manchmal auch mit Walnüssen serviert wird. Schmeckt wirklich lecker!

Im Winter kann man sich eine heiße Schokolade, gern noch mit einem riesigen Berg Sahne obendrauf, bestellen. Oder eben einen heißen Cacaolat. Der ist nicht so dickflüssig wie die Schokolade und liegt auch nicht ganz so schwer auf der Hüfte. Leider gibt es heute nicht mehr viele dieser katalanischen Milchbars. Sie sind wohl einfach aus der Mode gekommen. Aber die Granja Viader hat sich zum Glück, gut versteckt im Gassengewirr der Altstadt, bis heute gehalten.

....

◐ Granja M. Viader, Carrer d'En Xuclá 4–6, 08001 Barcelona
www.granjaviader.cat
◐ ÖPNV: Metro L3 (grün), Haltestelle Plaça Catalunya oder Liceu

Stille Riesen & wilde Bestien

5 *La Casa dels Entremesos*

Buntes Treiben herrschte früher in den sich windenden, engen Gassen rund um die Kathedrale. Mit dem Bau der Via Laietana verschwand das älteste Viertel der Stadt fast vollständig. Die meisten mittelalterlichen Häuser wurden abgerissen, um Platz zu schaffen für die neue breite Durchfahrtsstraße zum Hafen.

Eines jener alten Häuser, die glücklicherweise bis heute überlebt haben, ist die Casa dels Entremesos. In dem kleinen, unscheinbaren Stadtteilmuseum gibt es eine ganz besondere Ausstellung. Dort hängen keine wertvollen Gemälde an der Wand, und es gibt auch keine modernen Skulpturen zu besichtigen. Stattdessen warten dort stumme Riesen und wilde Bestien brav nebeneinanderstehend auf ihren großen Tag. Der Auftritt dieser grimmig dreinblickenden Drachen, Adler und Könige ist der Höhepunkt der Stadtteilfeste. Der Tanz der „Gegants", so heißen die festlich gekleideten Riesen aus Pappmaschee auf Katalanisch, gehört zu den jahrhundertealten Traditionen der katalanischen Volksfeste. Bei den lauten und lustigen Umzügen werden die Herrschaften tanzend durch die Straßen getragen.

TIPP Der Eintritt ist kostenlos, mit einer Spende von 1 Euro trägt man zum Erhalt der Figuren bei.

In Barcelona hat jeder Stadtteil seine eigenen Riesen. Aber auch auf den Dörfern gehört der Ball de Gegants zum festen Programm jeder Fiesta. Oft stellen die riesigen Figuren ein Königspaar dar, einige der Puppen repräsentieren Bauern, Händler oder Handwerker. Um diese Riesen längere Zeit tragen zu können, braucht man Kraft und Erfahrung. Es ist gar nicht so leicht, mit so einem Gewicht auch noch graziös zu tanzen! Vor allem, weil man durch die kleinen Gucklöcher kaum etwas sieht. Begleitet werden die Riesen bei ihren Umzügen meist von den Capgrossos, den Dickköpfen. Das sind übergroße Köpfe aus Pappmaschee, die bei den Umzügen Bonbons verteilend neben den Riesen herlaufen.

Am spannendsten sind aber all die Fabeltiere. Fast jedes Dorf hat so eine Bestie, meist eine Art Adler, Drache oder Wildschwein. Die ganz eigenen Geschichten dieser Bestien werden dann zum Fest mit lautem Knall, Feuerwerk und viel Begeisterung der Zuschauer nachgespielt.

La Casa dels Entremesos, Plaça de les Beates 2, 08003 Barcelona
www.lacasadelsentremesos.cat
ÖPNV: Metro L4 (gelb), Haltestelle Jaume I

Glück am Strand

6 *Platja de la Barceloneta mit Estel Ferit*

Leise rauschen die kleinen Wellen an den Strand der Barceloneta. Ganz zart und vorsichtig umtanzt das Wasser meine nackten Füße, barfuß laufe ich im Sand am Ufer entlang. Auch der Strand ist ein Teil der Geschichte dieser Stadt. In früheren Jahrhunderten war er kein Ort zum Faulenzen und Sonnenbaden. Das Meer diente jahrhundertelang ausschließlich der Fischerei und dem Transport von Waren. Überschwemmungen, Tod durch Ertrinken oder brutale Angriffe von Piraten drohten von dort. Den Strand nutzte man gar als Müllhalde.

Erst im letzten Jahrhundert entwickelte sich langsam so etwas wie eine Badekultur. 1907 wurde der erste Schwimmverein Barcelonas gegründet und die ersten öffentlichen Badeanstalten eröffnet. Doch das Baden im Meer war immer noch gefährlich, denn die wenigsten Leute konnten schwimmen. Dennoch wagten immer mehr Menschen wenigstens ein kurzes Bad in den Wellen. Zur Sicherheit gab es Badeleinen, an denen man sich festhalten konnte. In den Zwanzigerjahren empfahlen Ärzte dann das Bad im Meer aus gesundheitlichen Gründen. War das Baden vor dem Zweiten Weltkrieg noch ein exklusives Freizeitvergnügen der Reichen, so entwickelte sich der Strand in den Sechzigerjahren zu einem beliebten Erholungsort der breiten Masse. Mit der Umstrukturierung des Strandes zu den Olympischen Spielen 1992 verschwanden die alten Badehäuser und die schmutzigen Industrieanlagen am Ufer, eine nagelneue Strandpromenade wurde gebaut. Dort steht heute auch der Estel Ferit, der „verletzte Stern". So heißen die vier scheinbar willkürlich übereinandergestapelten Würfel der deutschen Künstlerin Rebecca Horn, die an die einfachen Hütten von einst erinnern sollen. Scheinbar leicht und doch so stark hat dieser Stern schon so manchem Sturm getrotzt.

Für viele Strandspaziergänger ist der Estel Ferit ein lauschiges Plätzchen geworden, an dem man zu jeder Jahreszeit gern eine kleine Pause einlegt und von hier aus still und glücklich den Blick auf das Meer hinaus schweifen lässt.

・・

◗ Platja de la Barceloneta, 08003 Barcelona
◗ ÖPNV: Metro L4 (gelb), Haltestelle Barceloneta

Authentischer Marktbummel

 7 *Mercat Santa Caterina*

In Barcelona gibt es viele schöne Märkte. Die älteste und bekannteste Markthalle ist der Mercat Sant Josep an den Ramblas, la Boqueria. Weniger voll und meistens nur von Einheimischen besucht aber ist der Mercat Santa Caterina im Viertel La Ribera. Hier ist alles noch ganz unprätentiös, einfach und echt. Nach dem Einkaufen kann man direkt in den Markthallen in der kleinen Bar San Joan leckere Tapas essen oder einfach einen Kaffee trinken.

Genau dort, wo heute der überdachte Markt steht, befand sich bis 1835 noch das Kloster Santa Caterina, welches im Zuge eines Enteignungsgesetzes abgerissen wurde. Um die immer weiter anwachsende Bevölkerung Barcelonas mit Lebensmitteln zu versorgen, brauchte man zudem schlicht und einfach mehr Märkte. Der frei gewordene Platz in den engen Gassen der Altstadt wurde also zum Marktplatz erklärt. Schon bei seiner Eröffnung 1848 war der Mercat Santa Caterina etwas Besonderes: Er war der erste überdachte Markt in ganz Barcelona.

Als 2005 eine grundlegende Restaurierung fällig war, beschloss man, möglichst viele alte Teile der Markthalle zu erhalten und sie gleichzeitig mit neuen Elementen zu versehen. Die originelle Konstruktion mit dem weithin bunt leuchtenden Dach stammt von dem Architektenpaar Enric Miralles und Benedetta Tagliabue, die unter anderem schon das neue schottische Parlament in Edinburgh gebaut haben.

TIPP *Das kleine Museum im Markt zeigt römische Gräber und Reste des Klosters, das hier einst stand.*

Das Dach des Marktes kommt am besten zur Geltung, wenn der Himmel klar und blau ist, aber selbst an Regentagen ist Santa Caterina ein fröhlicher Punkt im Grau der Altstadt. Das farbenfrohe wellenartige Ziegeldach über der Markthalle lässt das ganze Gebäude sehr lebendig wirken. Schon von draußen erahnt man die farbigen Früchte, die innen darauf warten, gekauft zu werden: blau schimmernde Fische, grüne Äpfel, rote Tomaten oder gelbe Bananen.

● **Mercat Santa Caterina, Avinguda Francesc Cambó 16, 08003 Barcelona**
www.mercatsantacaterina.com
● **ÖPNV: Metro L4 (gelb), Haltestelle Jaume I oder Urquinaona**

Wo die Königin ruht

8 *Monestir de Pedralbes*

Die Vögel zwitschern fröhlich und freuen sich über den warmen Frühlingstag. Ansonsten ist es ruhig und vor allen Dingen grün hier oben. Heilende Pflanzen und Kräuter wachsen in dem kleinen Garten des Klosters Pedralbes. Eigentlich gehört es zwar zu Barcelona, aber es fühlt sich an, als sei man irgendwo weit draußen, auf dem Lande. Noch heute leben hier im Kloster ein paar Nonnen, fast so wie vor 600 Jahren.

Nachdem König Jaume II. gestorben war, zog sich seine Witwe, Königin Elisenda, in das von ihr gestiftete Kloster zurück. Dem Orden der Klarissen trat sie zwar nicht bei, aber sie lebte hier zurückgezogen bis zu ihrem Tod. In der Klosterkirche wurde Elisenda dann auch beigesetzt. Ihr Grabmal kann man sowohl vom Kreuzgang als vom Kirchenschiff aus bewundern.

Die Kirche des Monestir de Pedralbes ist auffallend schlicht. Irgendwo im Hintergrund kann man die Nonnen singen hören. Doch sie bleiben unsichtbar, verborgen hinter den Wänden. Im Kreuzgang des Klosters wandelt man durch einen blühenden Garten. An diesem friedlichen Ort sollen die frommen Frauen die Möglichkeit zur inneren Einkehr finden. Viele kleine Kammern und Kapellen liegen jenseits des Kreuzgangs. Seit in den 1980er-Jahren weite Teile des Klosters für Besucher zugänglich gemacht wurden, darf man auch diese Orte der Ruhe und Andacht besuchen.

TIPP An der Avinguda Pedralbes kommt man an den Pavellons Güell und Gaudís Drachentor vorbei.

Einige der Zellen, die der Kontemplation dienen sollen, wirken noch immer belebt und bewohnt. Fast so, als haben die Nonnen nur eben ihr Stickzeug beiseitegelegt und kommen gleich wieder, um zu beten.

Seit das Kloster seine Tore geöffnet hat, kann man die jahrhundertealten Wandmalereien in der Kapelle Sant Miguel würdigen, das leere Refektorium bewundern oder der alten Klosterküche einen Besuch abstatten. Krüge und Töpfe hängen dort fein säuberlich über dem alten Holzofen. Bei einem Bummel durch das Kloster versteht man auch als Besucher bald das stille Glück, das die Königin einst hierherzog.

Monestir de Pedralbes, Baixada del Monestir 9, 08034 Barcelona
www.monestirpedralbes.bcn.cat
ÖPNV: Metro L3 (grün), Haltestelle Maria Cristina oder Palau Reial/Ferrocariles L12, Haltestelle Reina Elisenda

Eis essen macht glücklich

9   *Rocambolesc, Eis mit Sternchen*

Wer hat den Film „Charlie und die Schokoladenfabrik" gesehen? So ähnlich wie ein Tag mit Willy Wonka fühlt sich ein Besuch in der Eisdiele Rocambolesc an. Die Dekoration, farbige Rohre, erinnert an bunte Zuckerstangen. Vermutlich hat sich der Architekt des neuen Ladens an der Rambla auch von diesem Film inspirieren lassen. Es gibt meist nur vier oder fünf ausgewählte Geschmackssorten, das Eis wird schließlich täglich frisch gemacht. Dabei kann es sich geschmacklich um kräftig süßen Bratapfel, zarte Orangenblüte oder Dulce de Leche aus Schafsmilch mit Zuckerwatte handeln. Dafür ist die Auswahl an Toppings fast unendlich groß. Krispige Knusperflocken oder frische Erdbeeren? Bunte Streusel oder lieber Knallzucker wie aus Brausepulver? Haselnüsse oder Marshmallows mit Schokoladensauce? Und das Behältnis muss man auch noch aussuchen: Waffel oder Becher oder doch lieber ein Eis im Brötchen, warm und frisch gebacken? Wenn man sich endlich entschieden hat, hält man schließlich eine ganz eigene und einzigartige Komposition in den Händen.

„Un helado para mí era y es felicidad." – Ein Eis, das bedeutete in seiner Kindheit und bedeute noch heute für ihn das Glück, sagt Jordi Roca, wenn er über die kühle Leckerei spricht. Eigentlich kommt das Rocambolesc aus Girona, dem Stammsitz der drei Roca-Brüder, die dort ein Dreisterne-Restaurant führen. „El Celler de Can Roca" landet seit Jahren auf den ersten Plätzen unter den weltbesten Restaurants. Jordi ist der jüngste Spross der Familie und für süße Kuchen und Nachtisch zuständig. Er kam erst auf Umwegen zur Gastronomie, doch als seine Kreativität einmal erwacht war, gab es kein Halten mehr. Seither ist er einer der Besten, seine Desserts sind Gedichte, geradezu revolutionär. Sie tragen so ungewöhnliche Namen wie „Regenwald", „Zigarren aus Havanna" oder „Miracle de Lancôme" und bestehen aus überraschenden Zutaten. Um sich an Eiskreationen auszutoben zu können, eröffnete Jordi 2000 das erste Rocambolesc in Girona und macht damit ziemlich viele Menschen glücklich.

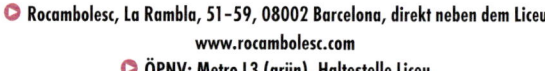

Rocambolesc, La Rambla, 51–59, 08002 Barcelona, direkt neben dem Liceu
www.rocambolesc.com
ÖPNV: Metro L3 (grün), Haltestelle Liceu

Versteckte Pracht

⑩ Der Palau Mornau im Barri Gòtic

Eines der schönsten Treppenhäuser in Barcelona ist der helle, licht-durchflutete Treppenaufgang des Palau Mornau. Der im Carrer Ample versteckte Palast ist eines der wenigen modernistischen Gebäude, die sich in der mittelalterlichen Altstadt befinden. Erst Mitte des 19. Jahrhunderts wurden die Stadtmauern, die Barcelona lange Zeit eingeengt hatten, abgerissen. Nun ließ sich jeder, der es sich leisten konnte, einen neuen prachtvollen Wohnsitz in der Eixample bauen. Zum eleganten Mittelpunkt dieser neuen Stadterweiterung entwickelte sich schnell der Passeig de Gràcia. Die reichen und adeligen Bürger der Stadt wetteiferten geradezu darum, die schönsten Paläste an der Flaniermeile errichten zu lassen.

In den engen dunklen Gassen des Barri Gòtic wandelten jedoch keine vornehmen Damen in schicken Kleidern. Kaum jemand konnte also die prachtvollen modernistischen Entwürfe des Architekten Manuel Raspall bewundern. Der war es nämlich, der dem alten Haus aus dem 15. Jahrhundert neues Leben einhauchte. Auch wenn Raspall nicht die Berühmtheit einiger Kollegen wie Puig i Cadafalch oder Domènech i Montaner erlangte, zählte er zu den bekanntesten Architekten seiner Epoche. In den Entwürfen Raspalls geht der verspielte Modernisme schon in den etwas klareren und geradlinigen Noucentisme über.

Im Jahre 2002 kaufte ein niederländischer Unternehmer den Palau Mornau, um ihn in ein Museum zu verwandeln. Aufwendige Restaurierungsarbeiten ließen die modernistischen Elemente des Gebäudes bald wieder in neuem Glanz erstrahlen. Seit 2012 beherbergt der Palast nun das Hanfmuseum der Stadt und zeigt auf mehreren Etagen die Geschichte dieser Nutzpflanze. Im Ambiente der Wende zum 20. Jahrhundert werden neben Gemälden verschiedene Hanfprodukte gezeigt: Seile, Kleidung, Seife, Schuhe, Papier, Möbel und sogar Dollarnoten. Ein Raum widmet sich auch der medizinischen und berauschenden Wirkung der Pflanze. Berauschend schön ist aber vor allem der Palau Mornau, der die Pracht der Jahrhundertwende wiederaufleben lässt.

● ●

◐ Palau Mornau, Carrer Ample 35, 08002 Barcelona
www.hempmuseumgallery.com
◐ ÖPNV: Metro: L3 (grün), Haltestelle Liceu/Metro L4 (gelb), Haltestelle Jaume I

Wenn Fußball ein Fest wird

11 *Font de Canaletes, Treffpunkt der Barça-Fans*

Kurz bevor die Rambla auf die Plaça Catalunya trifft, kommt man zu dem kleinen Brunnen, der diesem Straßenabschnitt seinen Namen gibt. Der unscheinbar wirkende Brunnen Font de Canaletes ist Treffpunkt der Barça-Fans, der treuen Anhänger des FC Barcelona. Nach bedeutenden Siegen kommen hier die Fußballfreunde zusammen und feiern gemeinsam ihren Verein.

Warum aber feiern sie ausgerechnet hier? An einem doch relativ unspektakulären Ort? Der Grund dafür ist nicht der Brunnen selbst, sondern ein Gebäude, das sich früher direkt dahinter befand. Vor vielen Jahren stand hinter dem Brunnen an der Rambla ein Kiosk, an dem nicht nur Zeitungen verkauft, sondern auf großen Schiefertafeln mit weißer Kreide die aktuellen Sportergebnisse angezeigt wurden. Daher versammelten sich hier die Menschen, um nachzusehen, ob ihr Verein gewonnen oder verloren hatte. Vor allem auch diejenigen, die kein Geld hatten, um sich eine eigene Zeitung zu kaufen. Der kleine Brunnen entwickelte sich so zu einem Treffpunkt der Sportbegeisterten und Fußballfans.

Obwohl es den Kiosk längst nicht mehr gibt und heute jedermann online schnell die neuesten Infos parat hat, treffen sich echte Barcelona-Fans nach wie vor zum Feiern an der Font de Canaletes. Hier teilen sie die Freude über den errungenen Sieg und jubeln ausgelassen auf der Straße. Ob man nun Fußballfan ist oder nicht, der FC Barcelona ist ein Teil der katalanischen Kultur. Während des Franco-Regimes war das Logo des FC Barcelona das einzige dezente Zeichen katalanischer Identität. Neben dem Kreuz des Sant Jordi und den Vereinsfarben Blau und Granatrot sind dort nämlich die vier rotgoldenen Streifen der katalanischen Flagge zu sehen. Die feiernden Fans werden in Barcelona übrigens liebevoll spöttisch „Culers", also Popos, genannt, weil die Spaziergänger früher, wenn sie am alten Stadion vorbeigingen, während eines Spiels nur die Popos der Zuschauer auf den oberen Rängen sehen konnten. Übrigens: Ein kleines Schild behauptet, wer vom Wasser des Brunnens trinke, kehre ganz sicher nach Barcelona zurück.

● Font Canaletes, La Rambla, 08002 Barcelona
● ÖPNV: Metro L3 (grün), Haltestelle Plaça Catalunya

Schaukeln & genießen

12 *Schokolade in der Casa Amatller*

Ob hier früher auch schon eine Schaukel hing? Ich schwinge jedenfalls glücklich und entspannt hin und her. Ab und zu nehme ich einen Schluck von meinem Kaffee oder knabbere Schokolade. Im Sommer ist diese Schaukel einer meiner absoluten Lieblingsplätze. Schaukelnd schmausen und das auch noch im Haus eines Schokoladenbarons.

Das schöne modernistische Gebäude, in dem sich das Café befindet, gehörte früher nämlich der Familie Amatller und die hat vor über 100 Jahren mit Schokolade ein Vermögen gemacht. Ungefähr zur selben Zeit, als Josep Puig i Cadafalch für den Schokoladenfabrikanten die Casa Amatller baute, arbeiteten zwei weitere Superstars des Modernisme nur wenige Meter weit entfernt. Direkt nebenan entstand die von Antoni Gaudí entworfene Casa Batlló. Lluís Domènech i Montaner baute die Casa Lleó Morera weiter unten, an der Ecke des Häuserblocks. Bis heute wird diese Häuserzeile „Manzana de la Discordia", der Streitapfel, genannt. Ein Wortspiel, das an die Sage des Paris erinnert, der unter drei griechischen Göttinnen die Schönste bestimmen sollte, indem er ihr einen Apfel schenkte. So unterschiedlich die drei Bauwerke auch sind, sie gehören zu den schönsten architektonischen Beispielen des Modernisme Barcelonas, und jedes Haus erzählt seine ganz eigene Geschichte.

Herr Amatller hatte das Geschäft mit der Schokolade zu einem kleinen Imperium ausgebaut. Zu seiner genialen Werbestrategie gehörte es auch, dass berühmte Künstler die Plakate für seine Produkte gestalteten. Sogar kleine Sammelbildchen gab es damals schon in den Schokoladentafeln. Beim Bau der Casa Amatller musste nicht gespart werden, und so konnte das Haus mit den neuesten technischen Errungenschaften wie elektrischem Strom, einem Fahrstuhl und sogar einer Autogarage ausgestattet werden. Eine süße Erfolgsgeschichte – nur privat hatte Herr Amatller leider nicht so viel Erfolg. Als der Palast endlich fertig war, zog er nur mit seiner Tochter ein. Die Ehefrau war, wie man heimlich munkelte, mit einem Geliebten ins Ausland verschwunden. Ich aber schaukele glücklich und entspannt.

○ Casa Amatller, Passeig de Gràcia 41, 08007 Barcelona
www.amatller.org
○ ÖPNV: Metro L3 (grün), Haltestelle Passeig de Gràcia

Zu Ehren der Menschentürme

 ## *Das Denkmal für die Castellers*

Gleich hinter dem Rathaus, mitten im Herzen Barcelonas, erhebt sich ein eisernes Drahtgestell. Wie ineinander verdrehte Büroklammern oder die aufgedrehte Befestigung eines Sektkorkens ragen die metallenen Streben scheinbar willkürlich miteinander verwoben in den Himmel. Sie ist nicht unbedingt auf den ersten Blick zu erkennen, die Skulptur für die Castellers. Das Kunstwerk auf der Plaça Sant Miquel ist eine Hommage an die Menschentürme, die hier traditionell seit Jahrhunderten errichtet werden. Als Antoni Llena i Font die Skulptur entwarf, hatte er etwas ganz Bestimmtes im Sinn. Die zwölf Rohre aus rostfreiem Stahl erinnern daran, wie fein und zerbrechlich so ein aus Menschen gebauter Turm ist. Gleichzeitig zeigen sie aber auch, wie stark und standfest ein Castell sein kann. Der Brauch, Menschentürme zu „bauen", stammt ursprünglich aus der Gegend zwischen Valencia und Tarragona. Dort gibt es sie schon seit über 200 Jahren. Von da aus breitete sich dieser Brauch über ganz Katalonien aus und ist heute ein fester Bestandteil jedes Dorffestes und der katalanischen Kultur.

TIPP Aktuelle Termine und Orte (etwa die Festa Major de Gràcia) auf www.castellersdebarcelona.cat

Kraft, Gleichgewicht, Mut und Vernunft sind die Tugenden der Castellers. Und so lautet auch ihr Motto: „Força, Equilibri, Valor i Seny". Das lernen schon die kleinsten Kletterer. Stärke und Mut allein reichen nicht aus, wenn es mal gefährlich wird, sind Gleichgewicht– auch Ruhe – und Vernunft genauso wichtig, etwa wenn es gilt, das Castell rechtzeitig zurückzubauen, bevor es einstürzen kann. Der Aufbau eines solchen Turms ist kompliziert und erfordert viel Übung. Bis zu elf Meter können solche Türme hoch werden, und jeder einzelne Teilnehmer ist wichtig.

Das glückliche Gelingen des Aufbaus basiert auf dem Zusammenhalt. Vom Kleinsten bis zum Ältesten kann hier jeder seinen Teil beitragen. Egal ob arm oder reich, ob klein oder groß, dick oder dünn, Mann oder Frau. Hier halten alle zusammen, denn nur gemeinsam schaffen sie es, solche Türme zu errichten. Seit 2010 hat die UNESCO diese Menschentürme als Immaterielles Weltkulturerbe eingestuft.

● **Homentage als Castellers, Plaça de Sant Miquel, 08002 Barcelona**
● **ÖPNV: Metro L3 (grün), Haltestelle Liceu/Metro L4 (gelb), Haltestelle Jaume I**

Pausieren wie die Römer

 Auf der Plaça de la Vila de Madrid (Via Romana)

Zwischen der stets überfüllten Rambla und der Shoppingmeile Portal del Angel, wo die Menschen hastig mit Einkaufstüten von einem Geschäft ins nächste eilen, liegt eine grüne Oase, die Plaça de la Vila de Madrid. Eine kleine, unscheinbare Grünanlage, ein paar Steine, Rasen und Blümchen. Von hier aus sind die Ausgrabungen der alten Via Romana gut zu sehen. Im Sommer kann man hier Studenten und Touristen auf der grünen Wiese liegen sehen. Sie lesen, schlafen oder legen eine Pause ein, bevor sie sich wieder ins Getümmel der Stadt einreihen. Vermutlich war das vor rund 2000 Jahren nicht viel anders. Vielleicht saßen damals an dieser Stelle ein paar Händler oder Reisende am Straßenrand, hielten Rast und stärkten sich, bevor sie die Stadttore des römischen Barcino erreichten. Denn genau hier entlang führte die Via Romana, auf der mit Säcken beladene Esel und Pferdekarren mit holpernden Rädern auf die Stadttore des römischen Barcelonas zuliefen.

Dass sich unter der Plaça de la Vila de Madrid eine gut erhaltene römische Straße befand, wusste lange Zeit niemand. Selbst die Anwohner des Platzes waren überrascht, als man bei Bauarbeiten Ende der 1950er-Jahre durch Zufall auf die Via Romana stieß. Seit dem 16. Jahrhundert hatte an dieser Stelle nämlich das Kloster des Barfüßigen Karmeliterordens gestanden. Erst bei den Umbauarbeiten entdeckte man die Grabsteine im Untergrund. Da die Römer zwischen dem ersten und dritten Jahrhundert nach Christus Gedenksteine für die Verstorbenen außerhalb der Stadtmauern anlegten, konnte man davon ausgehen, dass hier eine bedeutende Straße entlanggeführt haben muss. Die Arbeiten der Archäologen ergaben bald, dass man hier auf die ost-westliche Hauptachse des römischen Barcino gestoßen war. Nirgends in Barcelona kommt man der römischen Vergangenheit der Stadt so nah wie an dieser Stelle. Was für ungeahnte Schätze solche Bauarbeiten doch manchmal zutage fördern! Dank des unerwarteten Fundes erfreuen sich Anwohner und Besucher nun an einer kleinen, grünen Oase in den engen Gassen der Altstadt.

MUHBA Via Sepulcral Romana, Plaça de la Vila de Madrid, 08002 Barcelona
ÖPNV: Metro L1 (rot)/L3 (grün), Haltestelle Catalunya

Basteln wie Gaudí

15 *Kunst-Workshop Mosaiccos*

In einem kleinen Atelier im Born-Viertel der Altstadt betreibt die deutsche Künstlerin Angelika seit mehreren Jahren einen Workshop. Wer die bunten Bauwerke des Architekten Gaudí besichtigt hat, kann sich hier sein eigenes kleines Barcelona-Souvenir im Trencadís-Stil basteln. Dabei erholt man sich prima vom anstrengenden Stadtbummel. Eine oder auch zwei Stunden Pause machen und einfach entspannen! Das Basteln hat nämlich so ganz nebenbei eine angenehm beruhigende Wirkung.

In der Mitte eines großen Tisches stehen mehrere Kisten mit farbigen Glas- und Keramikscherben. Als Erstes muss man sich eine Form aussuchen, denn es gibt da verschiedene Möglichkeiten. Man kann ein Dekoherz, einen Bilderrahmen, einen Spiegel oder einen Untersetzer mit den Scherben und Steinchen besetzen. Angelika erklärt ganz genau, wie der Trencadís-Stil funktioniert. Immer zuerst am Rand anlegen, lautet die erste Regel. Wenn man sich daran hält, ist der Rest ganz leicht, fast ein wenig wie puzzeln.

Total konzentriert sind bald alle in die Suche nach passenden Stücken aus den großen Kisten versunken. Termine, schmutzige Teller und was sonst so auf einen wartet, sind völlig vergessen. Das Mosaik-Basteln ist wie ein meditatives Eintauchen in die Welt der Scherben. Wenn man zwischen den bunten Bruchstücken so gar nichts findet, darf man sich auch mit einer speziellen Zange neue Keramikstücke zurechtbrechen. Selbst wer nicht unbedingt künstlerisch begabt ist, kann hier unter kundiger Anleitung ein wunderschönes Andenken zaubern und dabei noch viel Spaß haben.

Die Zeit vergeht wie im Flug. Zwischendurch gibt es eine Tasse Kaffee, ein kleines Schwätzchen, dann basteln alle konzentriert weiter. Aber irgendwann ist das letzte Teil an seinem Platz, alles ist verklebt, und das Kunstwerk ist fertig. Angelika schüttelt noch einmal prüfend, ob alle Teile wirklich festsitzen. Jetzt noch die Zwischenräume mit Mörtel ausfüllen und dann muss das Mosaik nur noch trocknen. Erfüllte Stunden gehen, die Freude am Ergebnis bleibt.

· ·

Mosaiccos, Carrer Assaonadors 10, 08003 Barcelona
www.mosaiccos.de
ÖPNV: Metro L4 (gelb), Haltestelle Jaume I

Geheimnisvoller Glücksbringer

16 *Der Totenkopf im Carrer del Bisbe*

Im Carrer del Bisbe kann man sich gut vorstellen, wie einst die Mönche, Priester und Gläubigen durch die enge Gasse eilten. Die Straße des Bischofs verläuft ziemlich genau da entlang, wo bereits die Hauptstraße durch das römische Barcino verlief. Von dem Platz vor der Kathedrale kommend, betritt man diese kleine Straße durch das letzte der ursprünglich vier Portale, die einst den Einlass in die römische Stadt begrenzten. Zwischen den zwei halbrunden Türmen des bis heute noch erhaltenen Portal del Bisbe hindurch führt die alte Gasse an der Kathedrale vorbei bis zur Plaça Sant Jaume. Bis 1823 waren diese Türme durch ein Gebäude verbunden, das der Stadt als Gefängnis diente.

Ungefähr auf der Hälfte der Straße kreuzt hoch über den Köpfen eine Brücke, die die Casa dels Canonges mit dem Palau de la Generalitat verbindet. Im Gegensatz zu dem eingerissenen Gefängnis ist diese mittelalterlich anmutende Verbindung jedoch noch keine 100 Jahre alt. Erst 1928 wurde die Pont del Bisbe von Joan Rubió i Bellver entworfen, damit die Beamten auf dem Weg von einem Gebäude zum anderen keine nassen Füße kriegten. Bei Zeitgenossen sorgte die heute so beliebte Brücke für viel Spott. Der aus Reus stammende Architekt war ein Freund und Schüler Antoni Gaudís. Damals war die verklärte Idealisierung der mittelalterlichen Gotik gerade schwer in Mode, und Rubió i Bellver hatte umfangreiche Pläne für den Umbau des Barri Gòtic entworfen, die heute wohl eher als kitschig gelten würden. Letztendlich wurde jedoch nur diese Brücke umgesetzt.

Mysteriöserweise ziert ein von einem Degen durchstoßener Totenkopf die Unterseite der Brücke. Die Vermutung, dass Bellver der Nachwelt mit diesem Symbol etwas mitteilen wollte, liegt nahe. Doch was er sagen wollte, ist bis heute unentschlüsselt geblieben. Stattdessen ranken sich diverse Legenden um den Totenkopf. Die meisten Leute behaupten, es bringe Glück, wenn man rückwärts unter der Brücke durchgehend den Schädel ansehe. Manche sagen auch, man habe einen Wunsch frei.

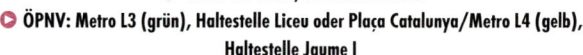

● Carrer del Bisbe, 08002 Barcelona
● ÖPNV: Metro L3 (grün), Haltestelle Liceu oder Plaça Catalunya/Metro L4 (gelb), Haltestelle Jaume I

Der Himmel auf Erden

 Das Café Caelum im jüdischen Viertel El Call

Auf der Suche nach einem leckeren Stück Kuchen landet man schnell im Café Caelum (lat. Himmel), einem winzig kleinen, aber sehr liebevoll eingerichteten Café mitten in der Altstadt Barcelonas. In dem winzigen Laden werden Kuchen, Torten und süßes Gebäck verkauft. Im Schaufenster warten wahre Schokoladenkunstwerke hübsch drapiert darauf, vernascht zu werden. Im Gegensatz zu der hektischen Betriebsamkeit des Viertels ist es hier drin angenehm ruhig. Tee oder Kaffee? Petits fours, Schokoladenpralinen, Käsekuchen oder Muffin? Oder doch lieber etwas mit Obst? Die Auswahl fällt nicht leicht.

Doch das Lokal ist viel mehr als nur eine Caféteria. Im Keller versteckt sich nämlich ein echter Schatz. In den alten Gassen rund um das Caelum, von der Rückseite der Kathedrale bis zur Plaça del Pi, lag früher das jüdische Viertel Barcelonas, El Call. Das Viertel mit rund 5000 Einwohnern war ein in sich geschlossener Bezirk mit einer klaren Begrenzung und mit Eingangspforten. Im Call gab es mehrere Synagogen, jüdische Schulen, Geschäfte, Ärzte und natürlich auch jüdische Bäder. Denn im Gegensatz zu den mittelalterlichen Christen wuschen und badeten sich Juden und Muslime regelmäßig. Eine sehr unscheinbar und versteckt liegende Synagoge befindet sich auch heute noch im Carrer Marlet. Straßennamen wie „Carrer del Call" oder „Carrer dels banys nous", die Straße der neuen Badehäuser, erinnern an die jüdische Bevölkerung des Mittelalters.

Genau an der Stelle, an der sich früher die Mikwe befand, das jüdische Bad, liegt das Café Caelum. Die Frauen, die sich hier einer spirituellen Reinigung unterziehen wollten, durften keinen Schmuck und keine Schminke tragen. Sie mussten rein sein wie das Wasser, in das sie eintauchten. Im unteren Geschoss des kleinen Cafés kann man einen Blick in den uralten Raum werfen, in dem sich einst diese Mikwe befand. Zartes Kerzenlicht taucht die stummen Mauern in eine fast schon magische Atmosphäre.

· ·

Caelum, Carrer de la Palla 8, 08002 Barcelona
ÖPNV: Metro L3 (grün), Haltestelle Liceu/Metro L4 (gelb), Haltestelle Jaume I

Über den Dingen stehen

 Auf dem Dach der Catedral de Barcelona

Zwei Tauben sitzen gurrend auf einer Mauer und picken suchend zwischen den Steinen herum. Weiter hinten kann man das Meer sehen, wie es blau und still im abendlichen Sonnenlicht schimmert. Es ist sehr ruhig oben auf dem Dach der Kathedrale. Wenn man hinunterblickt auf den Platz, wo so viele Menschen stehen oder vorbeieilen, fühlt man sich fast ein wenig wie der Glöckner von Notre-Dame. Dort unten in den mittelalterlichen Gassen herrscht ein buntes und lärmendes Gewirr aus Menschen, Fahrzeugen und Leuchtreklamen.

Genau dieser Teil Barcelonas um die Kathedrale herum hat sich seit dem Mittelalter sehr verändert. Auch wenn der Stadtteil „Barri Gòtic" heißt, wirklich gotisch ist hier eigentlich nicht mehr viel. Um die Via Laietana zu bauen, die breite Ausfallstraße, die von der Plaça Urquinaona hinunter zum Hafen führt, wurden zahlreiche Straßenzüge und Häuser dem Erdboden gleichgemacht. Dort, wo einst dunkle, engen Gassen und die ältesten Häuser der Stadt standen, gibt es nun viel Licht, Luft, breite Straßen und Plätze.

TIPP *Der Aufzug ist in der Kapelle dels Sants Innocents (Besuch der Terrasse im Preis enthalten).* Bevor die heutige Kathedrale im 13./14. Jahrhundert errichtet wurde, befand sich an genau dieser Stelle schon viele Jahrhunderte lang eine andere, kleinere, Kirche. Im 19. Jahrhundert, rechtzeitig für die Weltausstellung 1888 in Barcelona und auch danach, wurde unter anderem die Fassade umfangreich im Stil des Mittelalters restauriert, wie es damals gerade modern war. Mit Blick auf die großen Kathedralen Frankreichs gestaltete man also auch die Fassade des der Heiligen Eulàlia gewidmeten Gotteshauses im neogotischen Stil. Der mittlere Turm wurde allerdings erst Anfang des 20. Jahrhunderts fertiggestellt.

Mittlerweile streifen die letzten Strahlen die Schornsteine und Dächer der Stadt, bevor die Sonne hinter dem Montjuïc langsam untergeht. Es ist wirklich schön hier oben. Dann ruckelt der alte Aufzug, und eine neue Gruppe Touristen gesellt sich aufs Dach. Es wird Zeit, wieder hinunterzufahren.

Catedral de Barcelona, Pla de la Seu, Plaça Nova, 08002 Barcelona
www.catedralbcn.org
ÖPNV: Metro L4 (gelb), Haltestelle Jaume I

Tapas, stilvoll mit Cava

19 *El Xampanyet – der Klassiker*

Tapas-Bars gibt es viele in Barcelona. Aber keine ist so hübsch und gleichzeitig so traditionell wie El Xampanyet. In einer winzigen Seitenstraße, nicht weit vom Picasso-Museum entfernt, befindet sich die altmodische kleine Bar. Wäre das vielbesuchte Museum nicht so nah, würde sich vermutlich außer den Einheimischen kaum ein Besucher hierher verirren. Blaue Kacheln an den Wänden, einfache Marmortische und schlichte Stühle. Die Inneneinrichtung ist simpel und hat sich seit über 50 Jahren nicht verändert. Vielleicht sogar noch länger. Warum auch? Denn wegen der Dekoration kommt man nicht hierher. Das, worum es geht, sind die kleinen Häppchen. Die warten in der Auslage an der Theke nur darauf, endlich bestellt zu werden.

Serviert werden keine molekularen Meisterwerke der Haute Cuisine, sondern mit Speck umwickelte Pflaumen, Tortilla, Anchovis, deftige Käse- und Schinkensorten. Die Auswahl ist ziemlich traditionell für eine Tapas-Bar. Aber die Qualität macht sie besonders. Denn lecker sind die kleinen Happen wirklich alle. Einfach und gut, eben nach Großmutters Art, so wie es die Katalanen und die Spanier lieben. Dazu trinkt man am besten die Spezialität des Hauses, ein Glas Sekt, also Cava, oder eben Xampanyet, was so viel heißt wie „kleiner Champagner".

Die Besitzer stehen oft noch selbst hinter der Theke und die Bedienung ist auch im Gedränge immer freundlich. Die Atmosphäre ist nett und locker, auch wenn es mal voll wird. Das geht allerdings schnell, denn der Laden ist eher klein. Wer sich von der Fülle des kleinen Lokals nicht abschrecken lässt, wird dafür mit wirklich guten Tapas belohnt.

Da das Xampanyet kein Restaurant, sondern eine Tapas-Bar ist, bleiben viele Gäste sowieso nicht allzu lange. Man trinkt sein Bierchen oder eben einen Xampanyet, gern auch im Stehen. Dann geht es weiter. Die Nacht ist noch lang, und im Ribera Viertel gibt es viele nette Adressen, um dort den restlichen Abend zu verbringen.

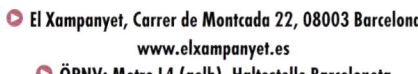

● El Xampanyet, Carrer de Montcada 22, 08003 Barcelona
www.elxampanyet.es
● ÖPNV: Metro L4 (gelb), Haltestelle Barceloneta

Die Welt der bunten Helden

 20 *Im Comicladen Gigamesh*

Vom Arc de Triomf aus gehe ich einmal links, biege rechts ab und dann bin ich auch schon da. Ich stehe vor der Tür des Comicladens Gigamesh. Dieser Laden ist der Himmel der Comicfans, Roll Player, SciFi- und Fantasy-Fans, der Nerds und Freaks. Ein Buchladen, der über und über mit Comics, Rollenspielen und Superhelden gefüllt ist. George R. R. Martin und Terry Pratchett stehen in englischen Originalversionen neben Kurt Vonnegut und Richard K. Morgan in scheinbar endlosen Regalen nebeneinander. Magazine, Bücher, Hefte, Spiele, egal was man sucht, hier findet man es garantiert. Kartenspiele, achteckige Würfel oder Spielanleitungen? Solange es ausgefallen genug ist, ist alles da.

Gegründet wurde dieser charismatische Laden in den 1980er-Jahren von Alejo Cuervo. Die zunächst nur auf Fantasy und SciFi spezialisierte Buchhandlung wurde schnell dadurch beliebt, dass sie außer Büchern auch Rollenspiele und Tischspiele verkaufte. Neben der Buchhandlung Gigamesh gibt es noch einen gleichnamigen Verlag, es gab ein eigenes Magazin, das heute leider nicht mehr herausgegeben wird, sowie den

TIPP In der Nähe gibt es viele Comicläden, aber das Gigamesh hat Titel auch auf Englisch.

Gigamesh-Preis als ersten SciFi-Preis, der zwischen 1984 und 2000 in Spanien verliehen wurde.

Längst sind Comics ihrem Schmuddelimage entwachsen, sie gelten als eigene Kunstform und zählen zur Subkultur. Comics zu lesen, soll angeblich sogar schlauer machen. Studien sollen erwiesen haben, dass Klassiker, also wirklich schwere Kost wie etwa „Krieg und Frieden" von Leo Tolstoi, den meisten Menschen wenig Spaß beim Lesen bereiten. Genau das aber ist der Vorteil von Comics. Sie sind leicht zu lesen, und Schulkinder können durch diese bilderreiche Art des Geschichtenerzählens ihr Vokabular erweitern – das sagten angeblich Lehrer und Bibliothekare. Bei Comiclesenden Studenten habe man gar eine verhältnismäßig größere Wissenserweiterung festgestellt. Also gleich loslegen und die nächsten Comics besorgen! Das Lesen macht Spaß und auch noch schlau!

🔴 Gigamesh, Carrer de Bailèn 8, 08010 Barcelona, www.gigamesh.com
🔴 ÖPNV: Metro L1 (rot), Haltestelle Arc de Triomf

Zu Besuch bei Kolumbus

21 *Am Monumento a Colón*

Seit der Weltausstellung 1888 in Barcelona thront der große Seefahrer in rund 60 Metern Höhe über dem Hafen der Stadt. Sein ausgestreckter Arm weist überraschenderweise nach Osten. Zeigt die Statue etwa in die falsche Richtung? Amerika liegt im Westen. Sollte Kolumbus nicht besser dorthin zeigen? In die Richtung, in die er segelte, als er den neuen Kontinent entdeckte?

Doch es hat schon seinen Grund, warum Kolumbus mit dem Finger nach Osten weist, auf das offene Meer hinaus. Denn nicht nur der Hafen liegt hier im Osten der Stadt. Auch Indien, das geplante Ziel seiner Reise, liegt in dieser Richtung. Der ursprüngliche Plan des Seefahrers war es ja, einen Seeweg nach Indien zu finden. Wenn Kolumbus nach Westen zeigen würde, müsste er seine Finger auf die Ramblas statt auf das offene Meer richten. Das schien den Erbauern des Denkmals damals nicht richtig.

Zur großen Weltausstellung, die das kleine Barcelona erstmals ein wenig ins Licht der europäischen Aufmerksamkeit rücken sollte, gab man sich alle Mühe, das internationale Publikum zu beeindrucken. Nur ein Jahr vor der Weltausstellung in Paris war das wahrhaft keine leichte Aufgabe. Die Statue des Kolumbus sollte alte Pracht und Größe heraufbeschwören. Und hier in Barcelona sollen Königin Isabella von Kastilien und König Ferdinand von Aragon den Seefahrer empfangen haben, als er von seiner ersten Reise zurückkehrte. Schließlich hatten sie seine Fahrt finanziert und die Entdeckung überhaupt erst möglich gemacht.

Im Inneren der Kolumbussäule befindet sich ein Aufzug, mit dem man bis hinauf in die Erdkugel zu Füßen des Entdeckers fahren kann. Die kurze Fahrt kostet eine Gebühr, und ein Ordner passt auf, dass nicht zu viele Menschen gleichzeitig die Aussicht auf der winzigen Plattform genießen. Viel Platz ist dort oben nämlich nicht. Dafür ist der Blick auf die Stadt und den Hafen echt spektakulär. Der Rundumblick ermöglicht sogar verschiedene Aussichten gleichzeitig: auf die Ramblas, das Meer und den Montjuïc. Welch ein Glück.

· ·

Ⓞ Monumento a Colón, Plaça del Portal de la Pau, 08002 Barcelona
Ⓞ ÖPNV: Metro L3 (grün), Haltestelle Drassanes

Eine Tür erzählt Geschichten

22 *Porta de Sant Jordi*

Im Innenhof des Palau del Lloctinent befindet sich eine besondere Tür. Es ist eine Tür, die Geschichten erzählt. Die Porta Sant Jordi ist übersät mit Bildern und Symbolen. Je länger man sie ansieht, umso mehr Details erkennt man und umso mehr Geschichten gibt sie dem glücklichen Entdecker preis.

Ausführlich und mit vielen Details erzählt der Bildhauer Josep Maria Subirachs katalanische Legenden von Rittern und Königen, die Geschichte Kataloniens eben. In den 1980er-Jahren entwarf Subirachs unter anderem die Figuren der Passionsfassade der Sagrada Familia. Die Ähnlichkeit der Figuren dort mit dem Sant Jordi, der sich hier aus der Ebene der Tür hervorzuheben scheint, ist unübersehbar. Doch warum fiel die Wahl des Künstlers ausgerechnet auf Sant Jordi, den legendären Drachentöter? Zu Füßen des kraftvollen Kriegers erkennt man den besiegten eingerollten Drachen. An der Seite ist etwas kleiner auch die Prinzessin zu sehen, die der Sage nach vom Drachentöter Sant Jordi gerettet wird. Der aus Schottland „importierte" Heilige Georg wurde als Sant Jordi zum Schutzpatron Kataloniens. Am Sankt-Georgs-Tag, dem 23. April, feiern die Menschen hier den Drachentöter, indem sie sich im Gedenken an die Legende rote Rosen schenken.

Die Porta Sant Jordi befindet sich in einem Treppenaufgang und verbindet seit 1975 den Palau del Lloctinent mit dem alten Königspalast. Im 16. Jahrhundert wurde dieser Anbau des Palau Reial Major an der Plaça del Rei ursprünglich als Palast für den Vizekönig errichtet. Von hier aus sollte der Statthalter des Königs, der ja am Hofe in Madrid weilte, das spätmittelalterliche Barcelona regieren. In der Außenmauer sind noch einige alte Steine mit jüdischen Inschriften zu sehen, denn die Steine, die zum Bau des Palau del Lloctinent verwendet wurden, stammten vom jüdischen Friedhof auf dem Montjuïc. Seit dem 19. Jahrhundert befindet sich das Archiv der Krone von Aragón darin.

••

🔴 **Palau del Lloctinent, Palau Reial Major, Carrer dels Comtes 2, 08002 Barcelona**
🔴 **ÖPNV: Metro L4 (gelb), Haltestelle Jaume I**

50

Süße Sünde, heiß & fettig

23 *Carrer Petrixol und klassische Xurros*

Besonders im Winter, wenn es draußen so richtig kalt ist, sind warme Xurros genau das Richtige. Am besten genießt man sie mit einer Tasse heißer Schokolade, in die man die süßen, in Fett gebackenen Kringel eintauchen kann. Während die älteren Damen und Herren sich in Barcelona gern fein machen, um in einer Xurreria elegant Xurros am Nachmittag zu essen, bevorzugt die junge Generation das Fettgebäck eher als gehaltvolles Frühstück nach einer durchfeierten Nacht. Einem sich eventuell ankündigenden Kater sollen Xurros als wahres Wundermittel entgegenwirken.

Die vermutlich bekannteste Adresse für solche süßen Gelüste ist der Carrer Petrixol. In dieser kleinen, engen Gasse mitten in der Altstadt finden sich gleich zwei der beliebten klassischen Xurrerias und nebenan noch ein paar Schokoladengeschäfte. Es ist sozusagen die sündige Meile für Leckermäulchen. Auch wenn die Granja La Pallaresa schon lange kein Geheimtipp mehr ist und man zu Spitzenzeiten am Eingang manchmal sogar schon Schlange stehen muss, um einen freien Tisch zu ergattern, der Besuch lohnt allemal. Wer keine Geduld hat und nicht warten will, kann sich einfach eine kleine Tüte Xurros auf die Hand mitnehmen und direkt essen. Dann kann man sie zwar nicht in Schokolade tauchen, aber die leckeren Knabbereien schmecken auch im Stehen köstlich. Wichtig ist nur, dass die Xurros frisch gebacken und noch warm sind, und dass viel Zucker obendrauf gestreut wird. Diese doch recht kalorienhaltige Angelegenheit hält garantiert die Finger schön warm und sorgt für winterliche Glücksgefühle im Bauch. Wer unbedingt seine Xurros sitzend und stilgerecht mit einer Tasse heißer Schokolade sowie allem Drum und Dran verzehren will, kann sein Glück auch ein paar Meter weiter probieren. In der Xurreria Dulcinea findet man in der oberen Etage immer noch einen Platz. So eine Tüte mit ungefähr vier Xurros kostet übrigens nicht die Welt. Ein ausgesprochen günstiges Vergnügen.

⊙ Granja La Pallaresa, Carrer Petritxol 11, 08002 Barcelona
⊙ ÖPNV: Metro L3 (grün), Haltestelle Liceu

Kleiner Hans-guck-in-die-Luft

24 *Robert Llimós, Miraestels (Sternengucker)*

Auf dem Weg zum Aquarium führt eine schmale Brücke nur für Fußgänger über das Hafenbecken. Im Sommer sitzen hier Studenten, Touristen und verliebte Pärchen ganz gemütlich und genießen Eis schleckend den Blick auf den Hafen. Wenn die großen Jachten oder Segelboote mit ihren hohen Masten zu den Liegeplätzen im Hafen wollen, muss ein Teil der Brücke angehoben und umgeschwenkt werden. Für die Fußgänger springt dann eine Ampel auf Rot. Zeit, sich umzusehen.

Auf der rechten Seite schwimmt etwas Weißes auf dem Wasser. Es ist eine Figur, die still auf den Wellen tanzt. Eine Möwe hat sich diese kleine weiße Insel als Landeplatz ausgesucht und ruht sich nun in der Sonne aus. Hinter dem „Miraestels", diesem kleinen Hans-guck-in-die-Luft, verbirgt sich eine Geschichte. Als Robert Llimós den kleinen Sternengucker 1986 entwarf, hatte er ein Gedicht des Künstlers Joan Brossa im Kopf. Das Gedicht besteht nur aus wenigen Zeilen und heißt „Der Grashüpfer". Aber eigentlich geht es darin um Menschen, die sich nicht unterkriegen lassen und immer wieder aufstehen, egal, wie hart das Leben sie geschlagen hat. Llimós hat diese Idee wörtlich genommen und eine Statue entworfen, die Wind und Wellen trotzt und sich immer wieder selbst aufrichtet. Ein Stehaufmännchen würde man wohl auf Deutsch sagen. Auf dem Wasser schwimmt der kleine Sternengucker, die Hände auf dem Rücken verschränkt, den Kopf in den Nacken gelegt. Sein Blick ist nach oben zu den Sternen gerichtet. Er wirkt optimistisch, froher Dinge und ist sehr geduldig. Wenn man genau hinsieht, erkennt man in seinen Händen einen Stern. Ob er den vom Himmel gepflückt hat? Einerseits ist der Sternengucker eine Art Wächter auf dem Wasser, andererseits scheint er oben am Himmel etwas zu suchen.

Der aus Barcelona stammende Künstler Llimós setzte sich in den Sechzigerjahren gemeinsam mit anderen Künstlern für das Recht auf freie Meinungsäußerung ein. Zu dieser Zeit hatte er sich der Nova Figuració verschrieben, eine Art figurative Malerei. Später in den Siebzigerjahren wandte sich Llimós dann der konzeptuellen Kunst zu.

● Miraestels, Rambla del Mar, Port vell, 08039 Barcelona
● ÖPNV: Metro L3 (grün), Haltestelle Drassanes

Pilze auf dem Dach

25 *Entdeckerfreuden im Palau Güell*

Der Palau Güell hat viele Überraschungen auf Lager. Wer die sonst so überschwänglichen Form- und Farbspiele Antoni Gaudís sucht, wird vermutlich zunächst einmal an dem Gebäude vorbeilaufen. Das Haus ist eines der ersten Werke des Modernisten. Der reiche Industrielle Eusebi Güell hatte den jungen Architekten gerade erst entdeckt, als er sein neues Wohnhaus in der Nähe der großen Theater, Casinos und Opernhäuser errichten lassen wollte. Die Rambla war das kulturelle und gesellschaftliche Zentrum Barcelonas, bevor die neue Stadterweiterung, die Eixample, gebaut wurde. Auch wenn Gaudís Entwurf des Palau Güell sehr von mittelalterlichen Anklängen geprägt ist und viele der für ihn später typischen Eigenschaften hier noch nicht zu erkennen sind, ist der Stil schon eindeutig modernistisch. Der Einsatz regionaler Baumaterialien wie Holz, Keramik und Eisen war dem Architekten genauso wichtig wie dem Bauherrn. Beide verband ein ausgeprägtes Bewusstsein für das zu der Zeit wiederauflebende katalanische Identitätsbewusstsein.

In den prachtvollen Räumen der ersten Etage beginnt von irgendwo eine Orgel zu spielen. Alle eilen in den Konzertsaal und lauschen andächtig. Eine echte Kirchenorgel in einem Privathaus allein ist schon beeindruckend. Doch im Palau Güell lohnt sogar der Abstieg in den Keller. Wie die spiralförmige Windung eines Schneckenhauses schraubt sich eine schmale Rampe nach unten. Man kommt sich vor wie in einem noblen Weinkeller. Viel zu schön, um Pferde unterzustellen! Während prachtvolle Treppen in die oberen Etagen führen, gelangt man nur über eine schmale Stiege hinauf aufs Dach. Für die Herrschaften bestand um die Jahrhundertwende kein Anlass, sich auf das Dach eines Hauses zu begeben. Die wunderschöne Aussicht auf den Montjuïc, die Kathedrale und die Dächer der Altstadt hat Herr Güell wohl also verpasst. Doch obwohl niemand diese Dekorationen sehen würde, hat Gaudí hier bereits die Schornsteine mit bunten Kacheln verziert. Wie ein Wald aus überdimensionalen bunten Pilzen ragen sie fröhlich in den blauen Himmel empor.

....

Palau Güell, Carrer Nou de la Rambla 3–5, 08001 Barcelona
www.palauguell.cat
ÖPNV: Metro L3 (grün), Haltestelle Liceu oder Plaça Catalunya

Schwalben & Schildkröte

26 *Die Casa de l'Ardiaca mit ihrem Briefkasten*

In einer Seitengasse in der Nähe der Kathedrale verbirgt sich die Casa de l'Ardiaca. Eine breite, geschwungene Treppe führt vom schönen Innenhof mit dem hübschen Brunnen und einer hohen Palme, die dort seit 1873 in den Himmel wächst, in die erste Etage. Ursprünglich hatte man das Gebäude im zwölften Jahrhundert als Sitz des katholischen Erzdiakons gebaut. Im Laufe der Jahrhunderte wurde es dann ganz unterschiedlich genutzt, bis man 1919 das Stadtarchiv hier unterbrachte. Von den Resten der römischen Stadtmauer bis zu den letzten Umbauten im 20. Jahrhundert sind hier fast alle Epochen der Geschichte Barcelonas vertreten und in unterschiedlichen Architekturstilen vereinigt.

Nach Umbauarbeiten im 19. Jahrhundert diente die Casa de l'Ardiaca eine Weile der städtischen Anwaltskammer als Sitz. Aus ebendieser Zeit stammt ein ganz besonderer Briefkasten, der sich neben der Eingangstür im Carrer Santa Llúcia befindet. Dieser von steinernem Efeu umrankte Briefkasten wurde 1902 von Lluís Domènech i Montaner entworfen. Der Architekt war neben Gaudí einer der Stars des katalanischen Jugendstils. Über dem breiten Schlitz zum Einwurf der Briefe und Dokumente erscheinen fünf in Marmor gehauene Schwalben. Während die Vögel zum Flug in den Himmel ansetzen, verharrt unter dem Briefeinwurf eine sehr geduldig wirkende Schildkröte. Eilig scheint sie es nicht zu haben. Die Idee des Briefkastens stieß bei den Anwälten nicht gerade auf Begeisterung. Mit den Schwalben und der Schildkröte sollte der Briefkasten wohl ein dezenter Hinweis auf die hochfliegenden Ideen der Justiz und die Langsamkeit der Bürokratie sein. Das war praktisch eine in Stein gehauene Kritik am damaligen Rechtssystem. Umgesetzt wurde der symbolträchtige Entwurf von Alfons Juyol i Bach, einem katalanischen Bildhauer, von dem auch Arbeiten an der Casa Amatller, der Casa Lleo Morera und dem Temple Sagrat Cor stammen. Über seinen „tierischen" Briefkasten schmunzeln jedenfalls heute noch Besucher und Einheimische gleichermaßen.

· ·

🔵 Casa de l'Ardiaca, Carrer de Santa Llúcia 1, 08002 Barcelona
🔵 ÖPNV: Metro L4 (gelb), Haltestelle Jaume I

Schön & geheimnisvoll

27 Der Montserrat

Es ist nicht das gleichnamige Kloster, sondern der Berg selbst, der die besondere Faszination des Ortes ausmacht. Die Katalanen verehren den Montserrat und pilgern seit jeher in die Kirche, die sich hier oben an die schroffen Felsen klammert. In einer Seitenkapelle der Klosterkirche wartet la Moreneta, die kleine braune Madonna, auf die Gläubigen. Sie hört ihre Bitten an, spendet Trost und sorgt auch schon mal dafür, dass der FC Barcelona wieder ein Spiel gewinnt. Doch sosehr die Madonna auch geliebt und verehrt wird, es ist der Berg, der den Menschen seit Jahrhunderten Schutz und Hoffnung gibt und der ihnen ans Herz gewachsen ist. Jahrtausendelang hat die Natur an diesen bizarren Felsformationen gearbeitet. Nun ragen die spitzen Steine wie Finger Gottes in den Himmel. Manchmal verstecken sie sich stundenlang im Nebel, um dann ganz plötzlich, wie aus dem Nichts, wiederaufzutauchen. Ein atemberaubender Anblick. Echte Pilger wandern zu Fuß bis ganz nach oben. Für alle anderen gibt es eine Zahnradbahn, die den steilen Berg hinauffährt. Von dort oben kann man auf verschiedenen Wegen durch die felsige Landschaft wieder hinab ins Tal wandern. Die Mönche sollen sogar noch Anfang des 20. Jahrhunderts die Einrichtung der Funicular-Bahn als eine Beleidigung empfunden haben. Auch die Männer Gottes, die heute noch im Kloster leben, gehen lieber zu Fuß. Selbst der noch frische Zement hielt die Mönche ganz offenbar nicht von ihrem Weg ab. Wie die erhärteten Fußstapfen auf der Treppe beweisen, warteten sie wohl nicht, bis der frische Beton der Stufen getrocknet war, sondern schritten einfach betend voran. Wer Glück hat, entdeckt beim Wandern vielleicht die Ziegen, die seit ein paar Jahren wieder zwischen den Felsen herumhüpfen. Manchmal bringen die geschickten Felsenspringer allerdings kleine Steine ins Rollen. Die sollte man besser nicht auf den Kopf kriegen! Beim Vespergottesdienst kann man dann erleben, wie die hellen Stimmen des Chors erklingen und die uralten Lampen die Kirche in ein warmes, buntes Licht tauchen.

TIPP Von dort kommt man noch weiter mit dem Funicular den Berg hinauf
www.cremalleradmontserrat.cat

● Der Montserrat
● Metro R5 (blau) ab Barcelona–Plaça d'Espanya, Haltestelle Monistrol de Montserrat, dann mit der Cremalleria bis zum Kloster

Das Haus der Türmchen

28 *Die Casa Terradas in der Eixample*

Fast wie Dornröschen fühlt man sich in der bunten Kuppel oben auf dem Dach des kleinen Schlosses in der Eixample. Angeblich soll Josep Puig i Cadafalch, der Architekt der Casa Terradas, ein absoluter Wagner-Fan gewesen sein und sich vom bayrischen Schloss Neuschwanstein inspirieren haben lassen. Das würde jedenfalls die spitzen Türmchen des Gebäudes erklären …

Wahrlich märchenhaft mutet der Anblick des Hauses mit den zahllosen Türmchen an. Oben auf dem Dach wandelt man zwischen den Zinnen und Giebeln hin und her und blickt auf das hektische Treiben unten auf den Straßen. Dort oben, weit weg von all dem Trubel, kann man sich in einen gemütlichen Sessel fallen lassen, sich zurücklehnen und klassischer Musik lauschen, während unter der Decke bunte Bilder erscheinen. Eintauchen in eine andere Welt, in die Welt des Puig i Cadafalch, neben Antoni Gaudí ja einer der bedeutendsten Architekten des Modernisme und so etwas wie ein Superstar im Barcelona der vorigen Jahrhundertwende. Anfang des 20. Jahrhunderts rissen sich die wohlhabenden Bürger der Stadt geradezu um seine Entwürfe. Die waren zwar weniger ausgefallen und extravagant als die seines Kollegen Gaudí, aber sie entsprachen ebenfalls dem Trend der Zeit, dem katalanischen Jugendstil. Die Auswahl des Materials und viele symbolische Hinweise auf Kultur und Geschichte sollten die katalanische Identität unterstreichen.

Bis heute findet man überall in Barcelona zahlreiche Darstellungen des Drachentöters Sant Jordi. Auch im Haus der Spitzen, der Casa de les Punxes, wie das Gebäude von den Einwohnern Barcelonas liebevoll genannt wird, findet man den Nationalheiligen dargestellt. Puig i Cadafalch widmete Sant Jordi ein riesiges Mosaikbild über dem Haupteingang. Die ursprüngliche Inneneinrichtung ist leider nicht erhalten, aber im ersten Stock gibt es zum Glück eine wundervolle Ausstellung über den Drachentöter. Wie von Zauberhand öffnen sich dort die Türen, und man wird von Raum zu Raum durch die Welt der schönen Prinzessin und ihres mutigen Retters geleitet.

● Casa Terradas (Casa de les Punxes), Avinguda Diagonal 420, 08037 Barcelona
www.casadelespunxes.com
● ÖPNV: Metro L3 (grün), Haltestelle Diagonal oder Passeig de Gràcia

Drachen & Schirme

29 *Casa dels Paraigües*

Einen Hauch von Fernost verströmt die Casa dels Paraigües mit ihrem chinesisch anmutenden Drachen und den scheuen Geishas, die ihre weiße Haut mit bunten Schirmchen vor zu viel Sonnenlicht zu schützen suchen. Eigentlich handelte es sich aber nicht um Sonnen-, sondern um Regenschirme, die in dem Haus an der Ecke der Rambla einst verkauft wurden. Viele Schirme schmückten die Fassade eines Ladens und gaben dem Haus seinen Namen.

Noch älter ist die Geschichte von Pau, dem Dieb. Dem soll das Haus gehört haben, bevor der Laden mit den Regenschirmen hier einzog. Pau arbeitete in einer Münzprägeanstalt. Man sagte ihm nach, er würde täglich eine Münze schlucken und sie später zu Hause wieder hervorzaubern. Als er auf diese Weise genügend Geld gespart hatte, um einen kleinen Fischladen zu eröffnen, lief das Geschäft allerdings gar nicht gut. Die Leute nannten das Haus „Cal Pau el Lladre", Haus des Diebes, und der Laden ging schnell pleite. Ob die Geschichte wahr ist, weiß man heute nicht mehr. Fest steht aber, dass der wohlbetuchte Händler Bruno Cuadros i Vidal das Gebäude Mitte des 19. Jahrhunderts kaufte. Zu dieser Zeit war die mittelalterliche Stadtmauer schon gefallen, aber die Eixample noch nicht zur neuen Flaniermeile geworden. Damals war die Rambla noch die Champs Élysées Barcelonas. Dem tüchtigen Händler gelang es in kurzer Zeit, auch die beiden Nachbarhäuser zu erwerben und auf dem Grund und Boden der drei alten Häuser ein neues prachtvolles Gebäude errichten zu lassen.

Bruno Cuadros verkaufte in seinem Laden viele wunderschöne Schirme und Fächer, die tatsächlich aus Japan stammten. Fernöstliches war der letzte Schrei, und so beauftragte er den Architekten Josep Vilaseca i Casanovas mit der Umgestaltung des Hauses im Asiastil. Rechtzeitig zur l'Exposició Universal, der Weltausstellung, die 1888 in Barcelona stattfinden sollte, entstand so ein leicht kitschiger, fernöstlich-orientalischer Look mit Elementen aus Japan, China und Ägypten, gepaart mit Anklängen an den damals vorherrschenden Modernisme.

● Casa Bruno Cuadros, La Rambla 82, 08002 Barcelona
● ÖPNV: Metro L3 (grün), Haltestelle Liceu

Üppig, sinnlich, farbenfroh

30 *Die Casa Vicens in Gràcia*

Wie eine Höhle, klein und gemütlich, ist der Rauchersalon der Casa Vicens. Wenn die eleganten Herren sich früher nach dem Essen trafen, um gemeinsam noch eine Zigarre zu rauchen, muss die Luft hier drin zum Schneiden dick gewesen sein. Doch zum Glück kann man Gaudís Vorstellung von einem Rauchersalon heute ganz dampflos genießen. Durch die schweren Farben wirkt der Raum sehr orientalisch, fast schon sinnlich, und erinnert an ein reich dekoriertes Wüstenzelt. Auch die anderen Räume sind üppige Farbexplosionen mit Fußböden nach Art der römischen Mosaike, italienischer Sgraffitotechnik an den Wänden, floralen maurischen Elementen und aufwendig bemalten Decken. Auch ohne Möbel entfaltet das Ambiente jedes einzelnen Saales seine kraftvolle Wirkung.

Herr Vicens hatte es gegen Mitte des 19. Jahrhunderts zu einem kleinen Vermögen gebracht und erteilte dem jungen, talentierten Gaudí 1877 den Auftrag zum Bau eines Sommerhauses vor den Toren der Stadt, in Gràcia. Damals lag Gràcia noch außerhalb Barcelonas. Der heute so beliebte Stadtteil war bis 1897 ein eigenständiger kleiner Ort, den die schnell wachsende Metropole schließlich ganz offiziell schluckte.

Lange Zeit blieb das Innenleben der Casa Vicens ein Geheimnis. Das Gebäude war viele Jahre lang in privatem Besitz und nicht für die Öffentlichkeit zugänglich, erst 2017 wurde dieses erste große Werk des Architekten als Museum für Besucher geöffnet. Im Gegensatz zu seinen später entstandenen Gebäuden zeigt die Casa Vicens noch einen starken maurisch-andalusischen Einfluss. Hier wie bei anderen seiner Gebäude verzierte Gaudí auch hier schon das Dach mit teuren Kacheln, schmiedeeisernen Rosen und bunten Türmen.

Zwischen die orientalischen Stilelemente und die geraden Linien mischen sich aber schon bunte Blumenornamente und farbenfrohe Keramikdekoration. Der Besucher hat das Glück, hier Zeuge der ersten Anzeichen von etwas völlig Neuem zu werden: Man spürt geradezu, wie der junge Architekt auf der Suche nach seinem ganz eigenen Stil ist, der ihn später weltberühmt machen wird.

••

○ Casa Vicens, Carrer de les Carolines 20–26, 08012 Barcelona
www.casavicens.org
○ ÖPNV: Metro L3 (grün), Haltestelle Fontana

Der Märchenbrunnen im Hof

31 *Museu Frederic Marès*

In so einem Brunnen wie dem hier, im Innenhof des Museu Marès, könnte einst eine junge Prinzessin ihre goldene Kugel verloren haben. Irgendwann käme dann ein Frosch aus dem Brunnen gehüpft, um ihr das geliebte Spielzeug zurückzubringen. Auch Aschenbrödel könnte hinter einer der Säulen hervortreten, ohne dass es mich großartig wundern würde. Sobald man den Hof des mittelalterlichen Königspalastes hinter der Kathedrale betritt, fühlt man sich einfach wie in einem Märchenfilm. Für eine so kleine Stadt, wie es Barcelona im 14. Jahrhundert war, stellte der wunderschöne Palast einen ziemlich großen Gebäudekomplex dar. Er reichte damals vom heutigen Museu Marès bis auf die Plaça del Rei, an der sich das Museum der Geschichte Barcelonas befindet.

Auch wenn heute weder Frosch noch Königstochter in Sichtweite sind, keine Lautenspieler, Gaukler oder Minnesänger uns mit ihrem Auftritt erfreuen, ist der versteckt liegende kleine Innenhof des Museu Marès ein besonderer Platz. Eine Oase, eine Zeitkapsel, in der man zurückkreist in die Epoche der Grafen und Könige, der wackeren Ritter und edlen Herrschaften. In diesem kleinen Königspalast herrschten tatsächlich einmal die Grafen von Barcelona. Durch Heirat mit dem Königreich von Aragón verbunden, herrschten die Grafen nicht nur über das kleine, aber mächtige Katalonien, sondern trugen jahrhundertelang auch die aragonische Königskrone. Unter der Corona de Aragón eroberten die katalanischen Grafen weite Teile des Mittelmeers. Diese sehr erfolgreiche Union der beiden Nachbarreiche endete erst, als Aragón und Katalonien – wiederum durch Heirat der Herrschenden –mit Kastilien vereint wurden. Von da an wurde der Palast in Barcelona nur noch für Besuche des Königspaars genutzt, denn Kastilien wurde von Madrid aus regiert.

Der Bildhauer Frederic Marès war ein geradezu leidenschaftlicher Sammler. Das Museum zeigt nicht nur seine Skulpturen, sondern auch eine unglaubliche Sammlung an Zigarrenhülsen, Pfeifen, Votivbildern, Plakaten, Brillen, Fächern, Scheren und Schlössern.

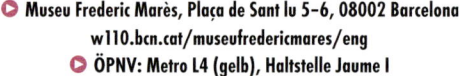

Museu Frederic Marès, Plaça de Sant Iu 5–6, 08002 Barcelona
w110.bcn.cat/museufredericmares/eng
ÖPNV: Metro L4 (gelb), Haltstelle Jaume I

Unter den Arkaden

32 Die Plaça Reial und Gaudís Laternen mit Helm

Die Plaça Reial liegt mitten in der Altstadt und ist einer der wenigen freien Plätze im gotischen Viertel, dem Barri Gòtic. Dort, wo vorher ein Kapuzinerkloster stand, wurde 1848 dieser Platz von einem Architekten namens Francesc Daniel Molina angelegt. Heute erinnert nur noch der Name der nahe gelegenen Rambla dels Caputxins an das Gotteshaus, das hier einst stand.

Bis zur Mitte des 19. Jahrhunderts war es eng im mittelalterlichen Stadtkern Barcelonas. In den engen, dunklen Gassen herrschten Krankheit und Armut. Aufgrund eines königlichen Gesetzes wurden 1835 in ganz Spanien im Rahmen der Desamortisation kirchliche Besitztümer versteigert und aufgelöst, Klöster und Ländereien verkauft. In der Stadt wurden viele der kirchlichen Gebäude zerstört. Besonders wegen der drohenden Seuchengefahr war es dringend notwendig geworden, Platz zu schaffen, um Licht und Luft in die dunkle Altstadt zu lassen. So sollte das mögliche Vordringen von Epidemien verhindert werden. Um die immer weiter wachsende Bevölkerung ernähren zu können, musste man außerdem neue Märkte bauen, doch der durch den Abriss des Kapuzinerklosters frei gewordene Platz sollte frei bleiben. Ringsherum errichtete man schicke Paläste und Arkaden für die wohlhabenden Bürger Barcelonas.

Die Mitte der Plaça Reial ziert ein Brunnen, neben dem sich zwei ungewöhnliche Laternen erheben. Entworfen wurden diese beiden Kunstwerke von dem noch jungen Antoni Gaudí. Aufmerksam waren die Stadtväter auf den jungen Künstler durch die Eingangspforte des Parc de la Ciutadella geworden, an der Gaudí ebenfalls mitgearbeitet hatte. Als frischgebackener Architekt hatte Gaudí also das Glück, diese Gaslampen der Plaça Reial gestalten zu dürfen. In auffälligem Rot und Gold verzweigen sich die Verstrebungen der Laternen wie bunte Äste eines Baumes. Gekrönt werden Gaudís Lichter von einer Art geflügeltem Helm, der an den griechischen Gott Hermes erinnert. Unter den Arkaden haben sich zahlreiche Restaurants niedergelassen, in denen man gemütlich das bunte Treiben auf dem Platz beobachten kann.

● Plaça Reial, 08002 Barcelona
● ÖPNV: Metro L3 (grün), Haltestelle Liceu

Gemeinsam kochen macht Spaß

 33 *Kochschule Espai Boisà – lecker und gesund*

Lecker und gesund, das bedeute „bo i sà", erläutert die zierliche Wendy, die aus Lima stammt. Sie ist die Köchin im Espai Boisà und erklärt ihren Gästen, wie man traditionelle Gerichte zubereitet. Wendy hat schon als Kind viel Zeit bei ihrer Oma in Barcelona verbracht. Seit ein paar Jahren lebt sie nun hier und arbeitet in der kleinen Kochschule. Gemütlich eingerichtet und liebevoll dekoriert ist es im Boisà. Man fühlt sich fast wie zu Hause oder wie bei guten Freunden zu Besuch. Eine Sitzecke lädt dazu ein, sich in die Kissen zu kuscheln. Witzige Schilder und schöne Bilder zieren die Wände. Der lange Esstisch ist bereits festlich gedeckt, und auf der Kochinsel in der Mitte des Raumes stehen schon die Zutaten bereit, die gleich in ein leckeres Mahl verwandelt werden sollen.

Alle Zutaten, mit denen hier gekocht wird, stammen aus ökologischem Anbau. Auch der Wein, den Wendy uns zur Begrüßung einschenkt, ist biologisch angebaut. Noch hängen die Schürzen brav in einer Reihe an der Wand, und die Rezepte liegen ausgedruckt auf der Arbeitsfläche. Katalanischen Spinat mit Rosinen und Pinienkernen soll es geben, Kroketten mit und ohne Fleisch, gefüllte Tintenfische und die berühmten Patatas Bravas mit der leckeren scharfen Sauce. Zum Nachtisch steht natürlich eine Crema Catalana auf dem Speiseplan. Dann heißt es Schürze umbinden und

TIPP Die Kochkurse finden auch in englischer Sprache statt, bei der Anmeldung erfragen.

los! Wendy verteilt die Arbeiten auf die Teilnehmer, erklärt alles geduldig und überwacht das Ganze. Es dauert gar nicht lange, bis Fleisch und Gemüse einen betörenden Duft verströmen, während sie vor sich hin brutzeln. Auch die Crema Catalana gelingt gleich viel besser, wenn man gemeinsam und mit viel Spaß an die Arbeit geht. Die Stimmung ist mehr als prima. Zusammen zu kochen ist eine super Idee! Nach gut einer Stunde sitzen endlich alle Köche hungrig am Tisch und präsentieren die fertigen Gerichte. Wendy ist stolz auf die gesammelten Werke. Das Essen schmeckt genauso gut wie es duftet, und alle genießen das köstliche Festmahl.

Espai Boisà, Passatge de Lluís Pellicer 8, 08036 Barcelona, espaiboisa.com
ÖPNV: Metro L5 (blau), Haltestelle Hospital Clinic oder Diagonal

Die Bibel an der Wand

Romanische Kunst im Nationalmuseum

Die Luft anhalten möchte man beim Anblick dieser Bilder. Die einfachen Darstellungen sind weniger detailreich als solche späterer Epochen, die Gesichter eher ausdruckslos und die Gewänder ohne Faltenwurf. Eine Perspektive fehlt, auch ein feines Spiel von Licht und Schatten. Die Darstellungen selbst sind oft recht einfach, aber dafür umso kräftiger in den Farben. Diese bunten Bilder müssen in den kleinen Dorfkirchen sehr ausdrucksstark auf die Gläubigen gewirkt haben. Die meist ungebildeten Besucher der Gottesdienste in den Pyrenäendörfern waren in den Kirchen plötzlich umgeben von fantastischen Figuren, von Engeln und Bestien. Von diesen gemalten Geschichten, die ihnen erzählten, was sie zu tun und was sie zu lassen hatten, müssen sie tief beeindruckt gewesen sein. Wie ein überdimensionales Bilderbuch für Erwachsene.

Still und andächtig versuche ich, die Botschaften der Bilder zu entschlüsseln. Viele der Symbole, die im Mittelalter jeder Christ „lesen" konnte, verstehen wir heute gar nicht mehr. Petrus ist immer der mit dem Schlüssel. Die Evangelisten sind als Stier, Löwe, Adler und engelsgleiches Wesen dargestellt. Wobei die Darstellung des Löwen offenbar so manchem mittelalterlichen Kirchenmaler Schwierigkeiten bereitet hat – wer noch nie einen Löwen gesehen hat, malt eben, was er kennt und überlässt den Rest der Fantasie.

TIPP Im MNAC sind auch einzigartige modernistische Skulpturen und Wechselausstellungen zu bewundern.

Über 100 Jahre ist es her, dass sich Künstler, Forscher und Heimatkundler in den Pyrenäen auf die Suche nach diesen Schätzen gemacht haben, um sie vor Zerstörung oder Verkauf zu bewahren. So wurden die romanischen Wandmalereien abtransportiert und hier im Museum aufbewahrt. Damit alles möglichst originalgetreu wirkt, baute man sogar die Innenräume der Kirchen nach. Kein anderes Museum der Welt verfügt über so viele, so gut erhaltene Werke aus dieser Zeit. Es ist, als werfe man einen direkten Blick ins Mittelalter. Alle Ängste, aber auch Hoffnungen und Freuden der Menschen scheinen hier bildlich vereint, und jeder kann ein wenig von Letzteren mitnehmen.

○ Museu Nacional d'Art de Catalunya (MNAC), Palau Nacional, Parc de Montjuïc, 08038 Barcelona
www.museunacional.cat
○ ÖPNV: Metro L3 (grün), Haltestelle Plaça Espanya
www.museunacional.cat/ca

Picasso als Türsteher

35 El Ingenio, das Fachgeschäft für Dickköpfe

Ein kleiner Picasso mit übergroßem Kopf steht mitten auf der Straße. Genau genommen steht er in einer engen Gasse der Altstadt, viel Platz ist hier nicht. Der kleine Dickkopf ist der Türsteher eines ganz besonderen Ladens. Im El Ingenio wurden schon vor über 100 Jahren die traditionellen Figuren der sogenannten „Capgrossos" und „Gegants" hergestellt, die auf jedem Volksfest durch die Straßen tanzen. Wie der Name schon sagt, sind „Capgrossos" Dickköpfe. Grotesk große Köpfe aus Pappmaschee, die sich die Leute zu bestimmten Festen und Umzügen wie einen Motorradhelm über den Kopf stülpen. Da die Dickköpfe leichter und beweglicher sind als die schweren Riesen, können sie besser laufen, springen und durch die Menge hüpfen. Ihre Funktion bei den Umzügen ist es daher, den großen Riesen einen Weg durch die Zuschauermenge zu bahnen. Um den Weg frei zu machen, werfen die lustigen Kerlchen manchmal mit Bonbons.

Als der Bildhauer Escaler im Jahre 1883 eine Werkstatt im Carrer d'en Rauric eröffnete, war er lange Zeit einer der wenigen Hersteller dieser Figuren in Barcelona und Umgebung. Bis vor ein paar Jahren wurden hier von seinen Nachkommen die Dickköpfe in liebevoller Handarbeit hergestellt. Irgendwann musste die traditionelle Werkstatt jedoch schließen und ein Laden für Spiele zog in das alte Gebäude ein. Doch zum Glück füllen seit Herbst 2018 wieder übergroße Hexen, Drachen, Teufel und andere lustige Köpfe die Regale des El Ingenio. Hergestellt werden sie jetzt von David und Neus, die ihre Werkstatt in der Nähe von Figueres haben. Dort machen die beiden nicht nur Dickköpfe, sondern auch Riesen, Masken und andere Figuren. Ihr Atelier ist eine wundervolle Welt, in der Ritter und Drachen, Könige und Zwerge zum Leben erwachen. Für viele katalanische Kinder sind diese Riesen heutzutage so etwas wie lokale Superhelden. Oft müssen Spiderman & Co. sich die Kinderzimmer mit Miniaturausgaben der Gegants teilen. Wenn die Helden aus dem Spielzimmer dann auch übergroß und live „in echt" auf dem Dorfplatz tanzen, leuchten einfach alle Kinderaugen.

· ·

El Ingenio, Carrer Rauric 6, 08002 Barcelona
ÖPNV: Metro L3 (grün), Haltestelle Liceu

Sich finden im Lustgarten

36 *Parc del Laberint d'Horta*

Hohe Hecken säumen die schmalen Wege im Grün. Oben am Collserola, dem Hügel im Rücken Barcelonas, liegt das Laberint d'Horta in einem romantischen Park versteckt. Die ältesten Teile dieses historischen Gartens stammen noch aus dem 18. Jahrhundert. Lange Zeit war die im neoklassizistischen Stil errichtete Anlage in Privatbesitz, erst seit 1971 ist die Grünanlage öffentlich zugänglich. Hübsche Spazierwege führen hier vorbei an kleinen Teichen und Wasserfällen, klassischen Skulpturen und Brunnenfiguren. Das Herz des Parks ist nach wie vor das grüne Labyrinth, das große und kleine Besucher hierherlockt. Schneller als man denkt, verliert man sich zwischen den hohen Hecken. Und das, obwohl es von außen so übersichtlich aussieht. Soll man nun nach rechts abbiegen oder besser nach links? Geht es hinter dieser Ecke nicht wieder zurück zum Eingang? Es ist gar nicht so leicht, bis zu Eros, der im Herzen des grünen Verstecks wartet, zu gelangen. Noch schwieriger ist es allerdings, wieder den Weg hinauszufinden.

Wie es sich früher für einen Garten im italienischen Stil gehörte, posieren zahlreiche Statuen griechischer Götter, Nymphen und Helden auf Sockeln und Podesten am Wegesrand. Verspielte Liebespärchen suchten und fanden sich zum heimlichen Stelldichein auf den steinernen Bänken zwischen den Zypressen. Man kann sich lebhaft vorstellen, wie die eleganten Damen und vornehmen Herren damals durch die Parkanlage wandelten. Theatervorstellungen und Empfänge fanden in den Pavillons statt. Viel hat sich in diesem Garten seither scheinbar nicht verändert. Nach wie vor grünt und blüht es, als sei kein einziger Tag vergangen. Nur das Palais ist etwas in die Jahre gekommen. Doch dem alten Gebäude sieht man die einstige Pracht noch immer an, auch wenn der Putz mittlerweile von den blumenumrankten Mauern blättert. Genau das macht das alte Palais eigentlich erst so charmant, verleiht ihm eine würdevolle Ausstrahlung. Wer hier heraufkommt, hat glücklicherweise Zeit. Das war früher so und ist heute nicht anders.

TIPP Nebenan im Park Jardins de Marià Cañardo Lacasta ist das „visuelle Gedicht" des Künstlers Joan Brossa.

Parc del Laberint d'Horta, Passeig dels Castanyers 1, 08035 Barcelona
ÖPNV: Metro L3 (grün), Haltestelle Mundet

Der trotzige Turm

 37 *La Torre del Rellotge mit Glocke in Gràcia*

Stolz reckt sich das Wahrzeichen des Viertels in den Himmel. 1862 entwarf Antoni Rovira i Trias den Glockenturm, der sich auf dem Platz vor dem Rathaus in Gràcia erhebt. Das heute so beliebte Viertel gehört erst seit 1897 zu Barcelona. Bis Ende des 19. Jahrhunderts war Gràcia eine eigenständige kleine, aber bedeutende Stadt. Immerhin 62.000 Einwohner hatte der Ort, als er von dem immer größer werdenden Barcelona geschluckt wurde. Antoni Rovira, der Erbauer des Glockenturms, war Vorreiter des Modernisme, ein bedeutender Architekt und Städteplaner – und er stammte aus Gràcia. Der von ihm geplante Turm entwickelte sich schon wenige Jahre nach seiner Errichtung zum Symbol des unbeugsamen Widerstands der Einwohner.

Man schrieb das Jahr 1870. Die Regierung in Madrid brauchte Soldaten, um die spanischen Kolonien zu kontrollieren und Schlachten in fernen Ländern zu schlagen. Doch die Einwohner des Viertels weigerten sich, als Kanonenfutter zu dienen und leisteten Widerstand. Es kam zum Aufstand. Warnend erklang die Glocke des Turms von Gràcia, sobald sich die Truppen des Generals Gaminde näherten. Um die Revolte niederzuschlagen, ließ der General, der von **TIPP** *Ganz in der Nähe liegt die Tapas-Bar l'Anxoveta, Carrer de Sant Domènec, 14-16.* da an nur noch „Bum-Bum" genannt wurde, seine Soldaten vom Passeig de Gràcia aus auf den Turm schießen. Die Kanonenkugeln trafen schließlich die Glocke. Der Turm wurde zwar beschädigt, aber er blieb stehen. Trotzig schallten von da an schiefe Töne über die Dächer von Gràcia. Seitdem hat die Glocke, die auch liebevoll „la Marieta" genannt wird, einen festen Platz in den Herzen der Einwohner. Glücklich tanzen und feiern sie jeden Sommer zu Füßen des Turms, wenn der Platz und die Gassen des Viertels für Festa Major de Gràcia geschmückt werden. Für dieses fröhliche Fest dekorieren die Anwohner ihre Straßen und Häuser ganz besonders kreativ. Tagelang ziehen dann Riesen und Dickköpfe durch das Viertel, alte und junge Menschen tanzen Sardanas und bauen beeindruckende Menschentürme. Und am Ende gewinnt die hübscheste Straße sogar noch einen Preis.

● La Torre del Rellotge, Plaça de la Vila de Gràcia, 08012 Barcelona
● ÖPNV: Metro L3 (grün), Haltestelle Fontana

Spaß mit Vintage-Flair

38 *Der Vergnügungspark Tibidabo*

Kitsch kann so schön sein! Der in die Jahre gekommene Vergnügungspark Tibidabo ist etwas für Liebhaber. Um stilgerecht auf den gleichnamigen Berg zu gelangen, kann man auf die altmodische Art mit der Tramvia Blau den steilen Weg hierher erklimmen. Die blaue Straßenbahn ist allerdings nicht die Schnellste. Es rattert und knattert beachtlich, wenn sich Madame mühsam den Berg hinaufkämpft. Aber mit ihren Holzbänken und den 100 Jahre alten Lämpchen ist die ältere Dame einfach bezaubernd. Die Fahrt vorbei an den prächtigen Palästen alteingesessener wohlhabender Familien dauert nicht lange. Nach wenigen Minuten kommt man zu einer großen Aussichtsterrasse, von der aus man den Blick über ganz Barcelona schweifen lassen kann. Mit der Standseilbahn geht es noch höher, steil bergauf zum Freizeitpark und der weithin sichtbaren Kirche Sagrat Cor.

Oben auf dem Tibidabo angekommen, befindet man sich gleich mittendrin im bunten Vergnügen. Die Gondeln des niedlichen Riesenrades leuchten in Regenbogenfarben vor dem blauen Himmel, und auf einem alten Karussell drehen Pferdchen ihre Runden. Ein besonderer Hingucker ist ein einzelnes altmodisches Flugzeug, das an einer Stange kreist. Ganz Mutige gleiten in einer Schwebebahn direkt über dem Abgrund. Wer es etwas „wilder" mag, kann auch Kettenkarussell fahren. Die Attraktionen können nicht mit den spektakulären Loopings moderner Achterbahnen und den aufwendigen Fahrgeschäften großer Freizeitparks mithalten. Hier geht es entspannt und gemütlich zu. Es fühlt sich ein bisschen an, wie in einer Spielzeugkiste aus den 1950er-Jahren zu stöbern. Und das mit einer spektakulären Aussicht.

Den Gipfel des Tibidabo ziert eine kitschige Kirche mit Christusstatue, die sich mit ausgebreiteten Armen in den Himmel streckt. Vermutlich von Sacre Coeur in Paris inspiriert wurde der Temple Expiatori del Sagrat Cor Anfang der 1960er-Jahre fertiggestellt. Die Kirche ist nicht unbedingt schön, aber irgendwie charmant – ganz so, wie der Park. Ein Vergnügungspark zum Knuddeln.

● ●

❍ Parc d'Atraccions Tibidabo, Plaça del Tibidabo 3-4, 08035 Barcelona
www.tibidabo.cat
❍ ÖPNV: Tramvia Blau an der Avinguda Tibidabo (auf Höhe Plaça John F. Kennedy),
Haltestelle Funicular del Tibidabo (oder weiter)

Abtauchen für den Fortschritt

39 *Das U-Boot Ictíneo vor dem Museu Maritim*

Draußen vor dem Schifffahrtsmuseum Barcelonas steht ein hölzernes U-Boot. Es ist der Nachbau eines der ersten U-Boote weltweit, der Ictíneo von Narcis Monturiol. Im Barcelona des 19. Jahrhunderts lebten die Bürger unter katastrophalen Bedingungen. Armut und Kindersterblichkeit waren hoch, Bildung und medizinische Versorgung gab es keine. Monturiol war Verleger, Erfinder und sozialer Utopist. Wie Ildefons Cerdà, Planer des Stadtbezirks Eixample, sehnte auch er sich nach einer neuen, einer besseren Welt. Doch Monturiol war kein Träumer, sondern vor allem ein Bastler und Tüftler, überzeugt davon, dass moderne Technik gut für die Menschen sei und ihnen zu einem besseren Leben verhelfe. So begann er in den 1850er-Jahren damit, ein Boot zu entwerfen, das unter Wasser schwimmen kann.

Um seine Pläne für den Bau eines U-Boots umzusetzen, war er auf Geldspenden angewiesen. Die flossen zunächst auch, sodass die erste Ictíneo (es gab zwei Modelle) 1864 im Hafen von Barcelona zu ihrer Jungfernfahrt starten konnte. Das U-Boot wurde ein phänomenaler Erfolg und Monturiol als Held gefeiert. Schließlich haftete den ersten U-Booten noch eine Aura an wie später den ersten Raumschiffen – mit ihnen konnte man neue, unbekannte Welten entdecken. Dank Menschen wie Monturiol war Barcelona nicht mehr die schmutzige kleine Industriestadt kurz vor den Pyrenäen, sondern das moderne Tor in ein fortschrittliches Europa. Das angeschlagene Selbstbewusstsein der Stadt erhielt neuen Auftrieb. Doch der Erfinder war seiner Zeit zu weit voraus. Das Geld wurde knapp, und seine Sponsoren glaubten nicht mehr an einen wirtschaftlichen Nutzen des Ungetüms. Monturiol musste sein erstes U-Boot in Einzelteile zerlegen und das Material verkaufen. Doch die Nachwelt gab ihm recht. Heute sind viele Straßen nach dem Erfinder benannt, und sein erstes Tauchboot, die Ictíneo I, wurde originalgetreu wiederaufgebaut. Im Museum lässt sich erahnen, wie in den riesigen Hallen einst Schiffe gebaut wurden. Denn hier an den Drassanes befanden sich die Werften Barcelonas, von denen aus Schiffe auf alle Weltmeere segelten.

● Museu Maritim Barcelona, Avinguda de les Drassanes, 08001 Barcelona
www.mmb.cat
● ÖPNV: Metro L3 (grün), Haltestelle Drassanes

Glitzerndes Unikat

40 *Frank Gehry, Peix Daurat (Goldener Fisch)*

Schon von der Barceloneta aus kann man ihn sehen. Hinten am Strand, auf der Höhe des Port Olímpic, leuchtet ein Kunstwerk: Peix Daurat. Der goldene Fisch von Frank Gehry glitzert mit den Sonnenstrahlen um die Wette.

Ende des 19. Jahrhunderts war auch in Barcelona das industrielle Zeitalter angebrochen. Auf der Suche nach Arbeit zog es immer mehr Menschen in die Stadt. Viele der Neuankömmlinge lebten im Barrio Somorrostro, dem schmuddeligen Viertel am Strand, auch Carmen Amaya, ein Superstar der Zwanzigerjahre und eine Legende des Flamencos, wurde hier geboren. Für die Olympischen Spiele 1992 putzte man das alte Viertel nun ganz neu heraus. Sogar eine schicke Strandpromenade wurde angelegt. In dieser Zeit entstand auch der goldene Fisch, entworfen von demselben Architekten, der bereits das Guggenheim Museum in Bilbao geplant hatte, Frank Gehry. Dieser Fisch am Strand von Barcelona greift die geschwungenen Linien der Werke Gehrys in der ganzen Welt auf. Gehrys Gebäude scheinen immer in Bewegung, sie scheinen zu tanzen und zu fließen wie zu einem fröhlichen Fest. Beim Fisch fügen sich feine Streben aus nicht rostendem Stahl spielerisch wie über dem Strand schwebend zu einem leichten Riesen zusammen. Fast schon lebendig wirkt dieses Meereswesen, sobald seine metallene Oberfläche das Sonnenlicht reflektiert. Dann hat der Fisch etwas Friedliches, fast schon Magisches. Direkt vor dem Peix Daurat, wie das glitzernde Kunstwerk in Barcelona heißt, erstreckt sich der Port Olímpic. Heute liegen dort schicke Jachten im Hafenbecken zwischen den Stränden der Barceloneta und Nova Icària. Im 19. Jahrhundert hatte eine Gruppe frühsozialistischer Utopisten hier ganz in der Nähe eine kleine Siedlung gegründet, die sie „Nova Icària" nannten. Die Ikarier, zu denen auch der Stadtplaner Ildefons Cerdà und der Erfinder des U-Boots Narcis Monturiol gehörten, glaubten an eine gerechtere Gesellschaft und träumten von einer besseren Welt. Das Projekt scheiterte zwar, doch der Name blieb und erinnert bis heute an die Ideen von damals.

🔴 Peix Daurat, Carrer de Ramon Trias Fargas 2, 08005 Barcelona
🔴 ÖPNV: Metro L4 (gelb), Haltestelle Ciutadella

Ästhetisch & ausdrucksstark

41 Espai Subirachs

Das Poblenou ist eigentlich kein besonders schöner Stadtteil. Hier befanden sich zahlreiche Industriebetriebe, die lange Zeit das Bild des Viertels prägten. Zwischen den Backsteinbauten und Dampfmaschinen der Textilfabriken lebten die einfachen Arbeiter. In einer solchen Arbeiterfamilie wurde Josep Maria Subirachs groß. Obwohl die Familie nicht viel Geld hatte, motivierte der Vater seine Kinder zu lesen, Fremdsprachen zu lernen und zu zeichnen. Er unterstützte die künstlerischen Ambitionen, wo er nur konnte, doch die wirtschaftliche Situation war schlecht. Bei Ausbruch des Spanischen Bürgerkriegs war Josep Subirachs keine zehn Jahre alt, früh schon musste er arbeiten gehen. Statt wie gewünscht Architektur zu studieren, machte er eine Ausbildung bei einem Vergolder. Doch seine künstlerische Neigung setzte sich durch, bald begann Subirachs, Skulpturen zu entwerfen und zu realisieren.

Der junge Mann entwickelte sich zu einem der bekanntesten Künstler Kataloniens. Wohl waren seine Werke im erzkonservativen Spanien Francos während der 1970er-Jahre noch durchaus umstritten, schließlich erteilte man Subirachs aber 1986 den Auftrag, die Figuren der Passionsfassade für die Sagrada Familia zu entwerfen. Nach dem Tod des Künstlers 2014 eröffneten seine Kinder eine Galerie mit seinen Werken. Wie könnte es auch anders sein – der Espai Subirachs liegt in einer kleinen Gasse des Poblenou.

TIPP Mit etwas Glück führt Judit Subirachs, Kunsthistorikerin und Tochter Subirachs, durch die Ausstellung.

Von weiblich gerundeten Formen bis hin zu abstrakten, kantigen Figuren reicht das Spektrum der ausdrucksstarken Werke Subirachs in Zeichnungen und Skulpturen. In jungen Jahren waren Subirachs Büsten und Zeichnungen noch von den klassischen Idealen des Noucentisme beeinflusst. Nach einem Aufenthalt in Paris und Kontakt zu anderen europäischen Künstlern wurde Subirachs Werk jedoch expressionistischer. Später wurden seine Figuren immer abstrakter, wirken wie vom Leben gezeichnet und drücken doch eine unbändige Kraft aus.

● Espai Subirachs, Carrer de Batista 6, 08005 Barcelona
www.subirachs.cat
● ÖPNV: Metro L4 (gelb), Haltestelle Poblenou

Picasso in 3-D

42 *L'Homenatge a Picasso d'Antonio Tàpies*

Surrealistisch und abstrakt wie ein Bild des Malers Pablo Picasso wirkt das Kunstwerk, das Antonio Tàpies seinem Kollegen zu Ehren 1981 entworfen hat. Vor dem Park der Ciutadella, der grünen Lunge Barcelonas, in der sich am Wochenende die Menschen zum Picknicken und Spazierengehen treffen, steht ein merkwürdiges Artefakt. Es ist eine Hommage an Picasso, den Maler aus Malaga, der ein paar Jahre in Barcelona verbrachte, bevor er nach Paris ging.

Der erste Eindruck ist verwirrend. Ein Glaskasten, in dem alte Möbel kreuz und quer stehen. Dicke Balken durchqueren das Ensemble wie fette Striche. Zu allem Überfluss scheint es in dem Glaskasten zu regnen. Anderswo stellt man eine Büste oder ein Denkmal auf, um einen Künstler zu ehren. Nicht so in Barcelona. Der junge Tàpies hatte Picasso in den 1950er-Jahren in Paris getroffen. Als er den Auftrag seiner Heimatstadt Barcelona erhielt, eine Hommage an den Maler aus Malaga zu schaffen, entschied er sich dafür, das Werk und nicht die Person Picasso in den Vordergrund zu stellen.

Durch das an den Scheiben des Glaskastens herunterlaufende Wasser wirkt das bizarre Arrangement von außen stets leicht verschwommen, wie hinter einem Schleier versteckt. Metallstreben durchkreuzen den Raum und erstechen quasi das Sofa im Zentrum, Inbegriff gutbürgerlicher Bequemlichkeit. Gestapelte Stühle stehen wirr und nutzlos in einer Ecke. Dicke Seile verbinden die Balken mit den Stühlen. Ein weißes Laken ist im Hintergrund gespannt, als sollte es vor neugierigen Blicken schützen. Inmitten des Weiß leuchtet ein roter Fleck, der Text auf dem Stoff ist mittlerweile fast unleserlich geworden. Dort sollen Zitate Picassos zu lesen sein, etwa: „Wenn ich kein Blau habe, nehme ich Rot."

Wenn der Kasten auf den ersten Blick vielleicht auch skurril wirken mag, wer sich die Zeit nimmt und genauer hinsieht, der spürt schnell, wie einzigartig und einfühlsam diese Hommage an das Werk des andalusischen Künstlers ist. Es ist wie eine Liebeserklärung an das Schaffen des Künstlers Pablo Picasso.

· ·

◐ L'Homenatge a Picasso d'Antoni Tàpies, Passeig de Picasso 13, 08003 Barcelona
◐ ÖPNV: Metro L4 (gelb), Haltestelle Barceloneta oder Ciutadella

Liebe & Lebensfreude

43 *Joan Fontcuberta, El món neix en cada besada*

Zwei Lippenpaare, die sich hingebungsvoll küssen. Das ist eigentlich schon alles, und doch ist es so unendlich viel mehr. Je näher man den überdimensionalen Lippen kommt, die auf einem kleinen Platz in der Nähe der Kathedrale von der Wand leuchten, umso mehr Details erkennt man: auf 4000 Kacheln gedruckte Fotos, die ganz persönliche Momente der Freiheit darstellen. Da sind Pärchen, die gemeinsam in die Kamera lächeln, ein Urlaubsfoto vom Strand, Freunde, die zusammen durch die Welt reisen. Es sind besondere Augenblicke, die die Menschen da genießen, und die pure Lebensfreude. Joan Fontcuberta geht davon aus, dass „die Welt in jedem Kuss geboren wird", so jedenfalls der Titel seines Fotomosaiks, das 2014 eingeweiht wurde. Aus Tausenden privaten Fotos, die ihm die Leser einer Zeitung für sein Werk zur Verfügung gestellt haben, hat der Künstler ein eindrucksvolles Wandbild geschaffen.

Fontcuberta geht mit seinen Fotomosaiken neue, postfotografische Wege. Für den katalanischen Künstler ist mit der digitalen Fotografie eine Art Tsunami über die Menschheit hereingebrochen. Fotos dienen heute längst nicht mehr nur der Erinnerung. Ihre Hauptaufgabe ist es nicht, die reale Welt darzustellen. Oft ersetzen Bilder heute den Text und dienen selbst als Kommunikationsmittel. Fontcuberta nennt den Menschen „homus fotograficus", weil jeder einfach alles im Bild festhält und all diese Bilder sich immer mehr ähneln.

Doch er sieht auch ein großes Potenzial in der Bilderflut. Ihm geht es darum, mit den Millionen Fotos, die wir produzieren, etwas Neues zu schaffen. So entstand neben seinen „Googlegrams", Fotomosaiken aus Bildern der Google-Suche, eben auch dieser Kuss. Der liegt zwar etwas verborgen, ist aber kostenlos und offen für alle zugänglich. Ein leidenschaftlicher Kuss, der einen kleinen glücklichen Seufzer auslöst, wenn man ihn ansieht. Liebe und Freiheit liegen in diesem Bild so dicht beieinander. Mittlerweile wurde Fontcuberta übrigens mit dem Hasselblad Award ausgezeichnet, so etwas wie dem Nobelpreis für Fotografen.

- -

El món neix en cada besada, Plaça d'Isidre Nonell, 08002 Barcelona
ÖPNV: Metro L4 (gelb), Haltestelle Jaume I

92

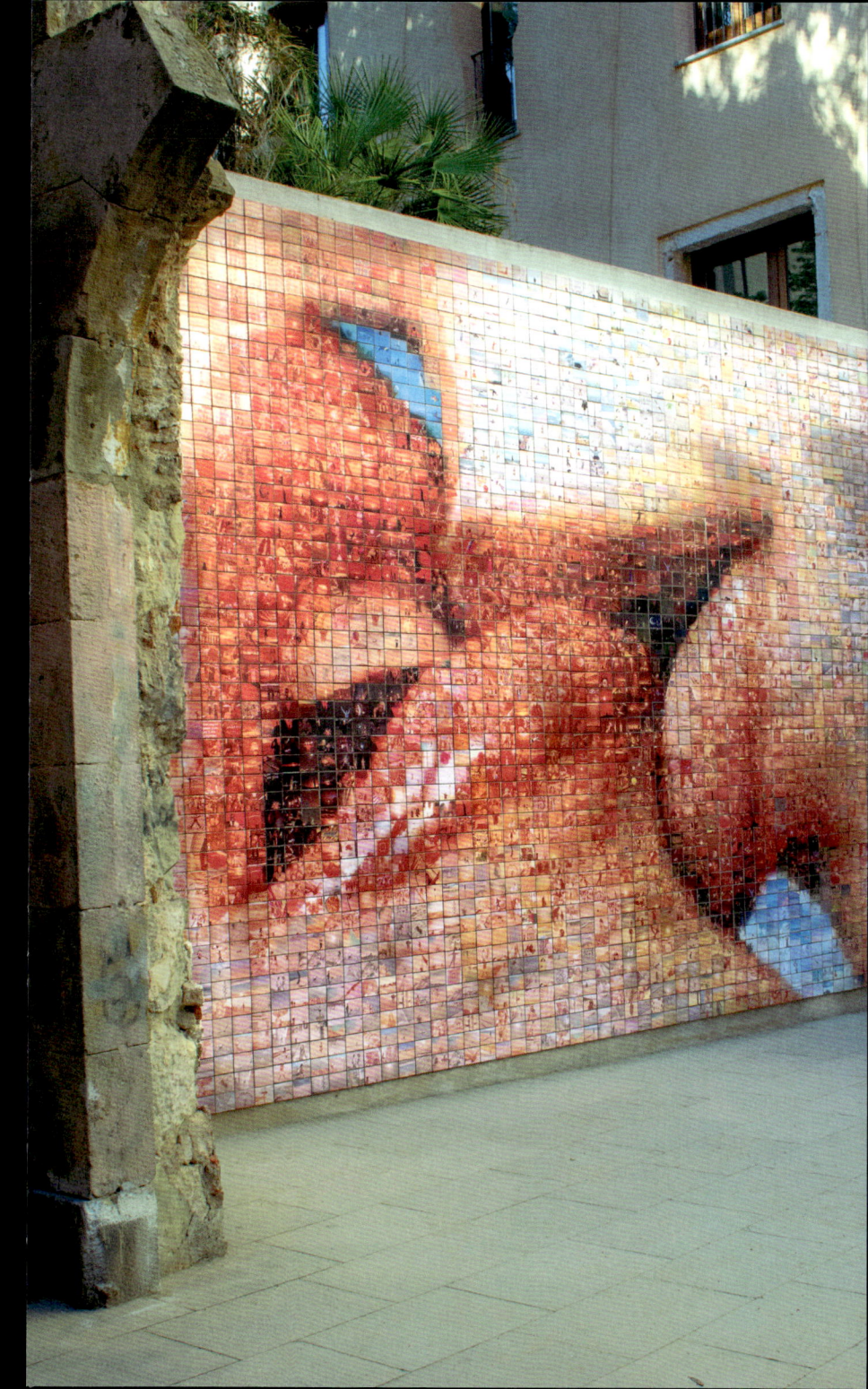

Fenster in die Vergangenheit

44 Die Markthalle El Born mit Ausgrabungen

In Barcelona gibt es viele Markthallen, schöne, alte, neue und nützliche. Doch El Born ist anders als sie alle. Unter dem modernistischen Dach, das hell und freundlich in der Sonne strahlt, ruhte etwa 300 Jahre lang ein kleiner Schatz. Seit sein Geheimnis gelüftet ist, wird er nun wohlbehütet. Sobald man das Gebäude betritt, steht man im Barcelona des Jahres 1714. Bei Renovierungsarbeiten waren Bauarbeiter nur wenige Meter unter der Erde auf Barcelonas Vergangenheit gestoßen. Ganze Straßenzüge wurden freigelegt. Nicht oft haben wir die Möglichkeit, über uralte Pflastersteine durch eine untergegangene Welt zu schreiten. Färber, Gerber und Seiler unterhielten hier ihre Werkstätten. Tiefe Kerben in den Steinen zeigen, wo genau ihre schwer beladenen Karren entlanggefahren sein müssen. Auch Krüge und Spielzeug fanden die Forscher. Es fühlt sich wirklich besonders an, durch genau dieselben Straßen wandeln zu dürfen, auf der vor rund 300 Jahren Händler ihre Waren verkauften und Kinder spielten. El Born ist wie ein Fenster in diese Vergangenheit.

Nach der Belagerung und Zerstörung Barcelonas 1714 erholte sich die Stadt, aber sie veränderte sich auch. Aus den Trümmern von damals erhob sich ein neues Barcelona wie Phönix aus der Asche. Die alte Stadtmauer und die Ciutadella wurden eingerissen. Neue Häuser und Märkte wurden gebaut. 1876 errichtete man die erste Markthalle Barcelonas im modernen Stil, eine kühle Eisenkonstruktion. Der neue Markt war schattiger und sehr viel hygienischer als der Markt draußen im Freien. So entwickelte sich el Mercat del Born bald zum Vorbild sämtlicher Markthallen der Stadt, die von da an alle nach demselben Prinzip konstruiert wurden. Bis 1971 konnten die Einwohner des Viertels sich hier mit Obst und Gemüse versorgen. Erst bei der Restaurierung 2002 stieß man auf die vergessene Stadt unter der Erde, die der Markt so lange geheim gehalten hatte.

Heute leben viele junge Menschen in dem belebten Viertel. Und mittendrin liegt der schöne alte Markt mit lebendigen Zeugnissen der Geschichte Barcelonas.

• •

El Born, Centre de Cultura I Memòria, Plaça Comercial 12, 08003 Barcelona
ÖPNV: Metro L4 (gelb), Haltestelle Barceloneta oder Jaume I

Ein Ort der Geschichten

45 *Torre Bellesguard*

Vor vielen Hundert Jahren stand am Fuße des Tibidabo, auf einem Höhenzug der Serra de Collserola, eine kleine Burg. Es handelte sich um den Palast des kultivierten und gebildeten Königs Martin, den alle „den Humanen" nannten. Hier oben war der feingeistige König weit weg vom brodelnden Leben Barcelonas. Martin war der Letzte seines Geschlechts, ein entfernter Verwandter wurde zum Nachfolger bestimmt und regierte von einer anderen Burg aus, Martins Palast bei Barcelona zerfiel.

Eine Zeit lang soll sich der Räuber Serrallonga in den Überresten der dicken Mauern versteckt gehalten haben. Er soll eine Art katalanischer Robin Hood gewesen sein, denn er überfiel mit Vorliebe die Kutschen der Reichen und Adeligen, bis er hier oben gefasst wurde.

Als ein junger Architekt gegen Ende des 19. Jahrhunderts den Auftrag erhielt, hier ein Haus zu bauen, erinnerte er sich an all diese Legenden. Er beschloss, ein Gebäude zu entwerfen, das den Geschichten alle Ehre erwies. Die Auftraggeber ließen dem jungen Mann die nötigen Mittel und auch die Freiheit, die er zur Umsetzung seiner anspruchsvollen Pläne brauchte. Und das war ein wahrer Glücksfall, denn der Architekt war kein anderer als Antoni Gaudí, der exzentrische Erbauer der Sagrada Familia. So ist Bellesguard das persönlichste seiner Bauwerke geworden. Hier konnte Gaudí seiner Kreativität freien Lauf lassen. Von außen erinnert das Haus ein wenig an eine Burg aus dem Mittelalter, die ruhmreiche Zeit Kataloniens, die viele Modernisten in ihren Entwürfen wiederaufleben lassen. Neben den blumigen Verschnörkelungen aus Schmiedeeisen und den mit Keramikmosaiken bestückten Parkbänken gibt es zahlreiche mythologische Figuren zu entdecken und Symbole zu entschlüsseln. Ein Kreuz auf dem Dach, eine Krone, der Drachentöter Sant Jordi – da darf auch ein Drache nicht fehlen. Den sieht man aber nur aus einem ganz bestimmten Winkel – ein wunderbarer Moment, wenn man ganz plötzlich das Gefühl hat, direkt vor dem riesigen Tier zu stehen! Ein echtes Meisterwerk!

· ·

Torre Bellesguard, Carrer Bellesguard 16–20, 08022 Barcelona
bellesguardgaudi.com
Ferrocariles Linie L7, Haltestelle Avenida Tibidabo, von dort ca. 15 Minuten Fußweg

Der Ursprung Barcinos

46 *Der Augustus-Tempel*

Still auf einer Bank sitzend, versteckt im Hinterhof eines jahrhundertealten Gebäudes, blicke ich auf 2000 Jahre Geschichte. Unweit der Stelle, an der sich laut Archäologen einst das Forum Romanum befand, erhob sich hier ein römischer Tempel. Dieser befand sich an der höchsten Stelle der kleinen Siedlung, auf dem Mont Taber. Für so eine unbedeutende Stadt wie Barcino war der Tempel überraschend groß. Handelszentrum und Hauptstadt der römischen Provinz Hispania Citerior war damals schließlich Tarraco, das heutige Tarragona. Die Gründer und ersten Siedler des römischen Barcinos waren vermutlich pensionierte Legionäre, die sich nördlich von Tarraco niedergelassen haben und mit den dort lebenden iberischen Fischern und Bauern vermischten. Der Tempel war vermutlich das einzige bedeutende Gebäude der kleinen Stadt. Manche behaupten, er sei Herkules, andere sagen, er sei Kaiser Augustus gewidmet gewesen. Da die Gründung des römischen Barcino in die Regierungszeit des Augustus fällt, wäre es durchaus wahrscheinlich, dass der Tempel dem Herrscher gewidmet wurde. Diejenigen, die den Tempel Herkules zuschreiben, erzählen, der griechische Held sei auf der Suche nach einem verlorengegangenen Schiff hier gelandet. Als man das fehlende Boot am Ufer fand, verliebte sich die Besatzung seiner Flotte so sehr in die Gegend, dass sie hierblieb und eine Stadt gründete. Da sie den Ort auf der Suche nach dem neunten Boot gefunden hatte, nannte sie den Ort „Barcanona", das neunte Boot.

Im Laufe der Jahrhunderte zerfiel das mächtige Gebäude und geriet in Vergessenheit. Erst als im 19. Jahrhundert Umbauarbeiten am Sitz des Centre Excursionista de Catalunya stattfanden, entdeckte man die alten Säulen wieder. Das CEC war eine Art Kultur- und Wanderverein, dem zu Beginn des letzten Jahrhunderts viele Künstler und Intellektuelle wie der Architekt Lluís Domènech i Montaner angehörten. Ihm ist es auch zu verdanken, dass die Säulen erhalten und für jedermann sichtbar gemacht wurden. Was für ein Glück! Denn es ist schon atemberaubend, vor diesen alten Säulen zu stehen.

....

○ MUHBA Temple d'August, Carrer del Paradís 10, 08002 Barcelona
○ ÖPNV: Metro L4 (gelb), Haltestelle Jaume I/Metro L3 (grün), Haltestelle Liceu

Unser blauer Planet

 Museu Blau – Naturwissenschaftliches Museum

Wie wunderschön unsere Erde doch ist! Das vergessen wir im Alltag manchmal viel zu leicht. Das Museu Blau lässt diese Liebe zur Natur wieder aufflammen. Auf 9000 Quadratmetern werden nicht nur die Ausstellungsstücke des alten Naturkundemuseums gezeigt. 2011 ist das Museum in ein neues Gebäude umgezogen – und was für eins. Die Architekten des Büros Herzog & de Meuron, die zum Beispiel auch die Hamburger Elbphilharmonie entworfen haben, konnten ihrer Fantasie freien Lauf lassen. Was den Schweizern dabei zum Thema „blauer Planet" eingefallen ist, kann sich wahrlich sehen lassen.

Im neuen Museum sorgen jede Menge Rätsel, Spiele, Filme und Aktivitäten dafür, dass man sich in unseren Planeten neu verliebt und bewundert, was die Natur geschaffen hat. Der Besuch des Museums beginnt mit einer spannenden Reise durch die Geschichte der Erde. Eine riesige Kugel schwebt im Raum: der blaue Planet. Anfangs besteht die Landmasse noch aus einem einzigen Superkontinent. Dann sieht man gebannt dabei zu, wie sich einzelne Teile lösen, wie sie abdriften und sich über das große Blau bewegen. Wir sind praktisch bei der Geburt der Erdteile dabei. Zwar nicht live, sondern natürlich im Zeitraffer, aber der Vorgang ist schon beeindruckend. Auf dem mitlaufenden Jahreskalender bewegen sich die Ziffern in rasendem Tempo gegen Null. Ganz langsam erst werden die uns bekannten Konturen der Kontinente erkennbar.

TIPP *Das katalanische „Blau" bezeichnet genau wie im Deutschen die Farbe Blau.*

In den Sälen des Naturkundemuseums geht es dann um die Entstehung des Lebens auf der Erde. Von den ersten Bakterien über Einzeller zu Pflanzen und Tieren wird die Entwicklung der Lebewesen erklärt. In wechselnden Ausstellungen wie „Achtung giftig!" kann man Spannendes über knallblaue Frösche, über Fliegenpilze und Wurzeln wie die Alraune erfahren. Kinder und Erwachsene dürfen ihr Wissen an kniffeligen Spielen ausprobieren oder in einer gemütlichen Kuschelecke den Geräuschen der Natur lauschen. Ein Ort, an dem wir uns bewusst werden, wie glücklich wir uns schätzen können, auf einem so einzigartigen Planeten zu leben.

● Museu Blau, Parc del Fòrum, Plaça Leonardo da Vinci, 4–5, 08019 Barcelona
● ÖPNV: Metro L4 (gelb), Haltestelle El Maresme/Fòrum

Mandelduft & Röstkaffee

48 *Shopping ganz anders in der Casa Gispert*

Von den vielen kleinen Tante-Emma-Läden, die es früher in Barcelona gab, haben die meisten längst schon ihre Türen für immer geschlossen. Nur wenige Geschäfte haben sich bis heute gehalten, genau wie der Kräuterladen, die Apotheke, ein Laden mit alten Notenblättern für klassische Musik und eben die Casa Gispert. In einer kleinen Gasse nahe der Kirche Santa Maria del Mar liegt ein altes Kolonialwarengeschäft. Seit Josep Gispert seinen Laden im Jahr 1851 eröffnete, stehen hier Kakao, Gewürze und Kaffeebohnen in den Regalen. Bald schon spezialisierte sich der Kaufmann auf das Rösten des Kaffees. Längst haben seine Söhne und Enkelkinder die Nachfolge angetreten, aber auch heute noch gehen hier die Tüten mit frisch geröstetem Kaffee über den hölzernen Ladentisch.

Meistens riecht man den kleinen Laden schon, lange bevor man ihn sieht. Wenn gerade mal kein betörender Kaffeeduft auf die Straße zieht, kann auch das Aroma frisch gebrannter Mandeln die Passanten unerwartet erwischen und sie schnurstracks in den Verkaufsraum locken. Seit der Eröffnung des Geschäfts reichen die alten Regale an den Wänden bis unter die Decke. In den Fächern und Schubladen, die aussehen als seien sie aus der Zeit gefallen, warten außer Kaffee und Mandeln neben verschiedenen Sorten Marmelade und Schokoladen diverse Dosen und bunte Schachteln darauf, gekauft zu werden. Wie vor 150 Jahren werden Tee, geröstete Nüsse, Hülsenfrüchte, getrocknetes Obst oder Safran noch gewogen und in Papiertüten verpackt. Ist man einmal dem leckeren Duft gefolgt, fällt die Wahl wirklich nicht leicht. Soll man lieber die Macadamianüsse oder die Pistazien probieren? Reichen 100 Gramm von den noch warmen, frisch gebrannten Mandeln oder sollte man sich doch lieber gleich ein größeres Tütchen einpacken lassen? Eins steht fest: Niemand verlässt den Laden ohne eine prall gefüllte Tüte in der Hand und ein glückliches Lächeln auf den Lippen zu tragen. Draußen vor der Tür kann kaum jemand es abwarten, endlich etwas von seiner Beute zu naschen.

··

Casa Gispert, Carrer dels Sombrerers 23, 08003 Barcelona
www.casagispert.com
ÖPNV: Metro L4 (gelb), Haltestelle Jaume I

Die Pracht der Weltausstellung

49 *Rund um die Plaça d'Espanya*

Nirgends in Barcelona kann man so gut auf den Spuren der Weltausstellung von 1929 wandeln wie rund um die Plaça d'Espanya. Zahlreiche Pavillons, kleine und große Gebäude wurden damals nur zu diesem einen Zweck am Fuße des Montjuïc errichtet. Eine gigantische, märchenhafte Anlage entstand auf einem damals noch unschönen Brachgelände am Stadtrand. Da sich Spanien dem Rest der Welt von seiner besten Seite zeigen wollte, scheute man weder Mühe noch Kosten und stampfte ein wahrhaft pompöses Ausstellungsgelände aus dem Boden. Venezianische Türme bildeten die Eingangspforte, durch die man die Weltausstellung betrat. Die vier Säulen des Architekten Josep Puig i Cadafalch, die sich heute wieder – originalgetreu nachgebaut – vor dem Montjuïc in den Himmel erheben, hatte der Diktator Primo de Riviera 1928 abreißen lassen. Die Ausstellung sollte Größe und Einigkeit des spanischen Königreichs demonstrieren. Der Palau Nacional beherbergte den spanischen Pavillon und war das wichtigste Gebäude der Ausstellung. In dem bunten Palast, der heute die schönsten romanischen Kunstwerke Kataloniens birgt, wurden damals die neuesten technischen Errungenschaften präsentiert. Wie die Kirsche auf einer Torte thronte der Palast im bunten Mix verschiedener Architekturstile über dem Ausstellungsgelände. Die Besucher waren begeistert von der Pracht und strömten wochenlang auf das Gelände rund um die heutige Plaça d'Espanya. Während die meisten Gebäude wie etwa der Originalbau des deutschen Pavillons von Bauhausdirektor Mies van der Rohe schon kurz nach dem Ende der Weltausstellung verschwanden, beschloss man, den Palau Nacional zu erhalten. Auch der Magische Brunnen, die Venezianischen Türme und das nur wenige Meter weiter entfernt liegende Poble Espanyol blieben von der Abrissbirne verschont. Dieses bunt zusammengewürfelte Dorf aus den Nachbauten der schönsten und bekanntesten Gebäude Spaniens fand bei den Besuchern so viel Anklang, dass man es stehen ließ. So können wir uns zum Glück auch heute noch an diesen bunten Bauten erfreuen.

● Plaça d'Espanya, 08015 Barcelona
● ÖPNV: Metro L3 (grün), Haltestelle Plaça d'Espanya

Der beste Karottenkuchen

50 *Das Spice Café*

Es duftet nach Zimt und nach heißem Kaffee. In diesem wirklich winzigen Café gibt es den allerbesten Karottenkuchen in ganz Barcelona. Junge Pärchen mit und ohne Kind, ältere Herrschaften und internationale Gäste kommen zum Cappuccino- oder Kaffeetrinken hierher. Abseits der üblichen Touristenströme hat Isidro vor sechs Jahren das kleine Kaffeehaus im Poble Sec eröffnet. Schnell hat er mit seinen leckeren Kuchen und seiner lieben Art die Herzen der Menschen im Viertel erobert. Längst backt der sympathisch bescheidene Besitzer, Herz und Seele des Ladens, nicht mehr allein. Isidro beliefert auch andere Lokale mit seinen Torten, Keksen und Kuchen. Das Spice Café ist gemütlich und – dem begrenzten Platz geschuldet – überschaubar. An einer langen Tafel suchen die Gäste sich einfach einen freien Platz. Darüber hinaus gibt es nur noch zwei kleine Holztische, von denen der Lack absichtsvoll charmant abblättert. Doch auf die Größe kommt es hier nicht an. Die meisten Gäste kommen ohnehin hierher, um sich ihren Lieblingskuchen zu holen und ihn dann gemütlich zu Hause oder bei Freunden zu vernaschen.

Bei Isidro wird mit viel Liebe und wirklich guten Zutaten gebacken und das schmeckt man einfach. Nirgendwo sonst in der Stadt gibt es so leckere frisch gebackene Kuchen und Torten wie in der Vitrine des kleinen Cafés. Täglich stehen hier neue verführerisch duftende Cheese Cakes, Blueberry Cakes, Schokoladentorten und riesige Knusper-Cookies. Aber Isidros Bestseller ist und bleibt der Carrot Cake. Im Winter ist Hochsaison. Dann gehen locker mehrere Kuchen pro Tag über die Theke. Aber ab März, so erzählt Isidro schmunzelnd, beginnt die Bikinisaison, dann teilen sich die Gäste ein Kuchenstück. Kein Wunder, denn die mehr als großzügigen Tortenstücke, die hier auf den Teller kommen, können durchaus eine komplette Mahlzeit ersetzen. Aber diese süßen Sünden schmecken einfach zu gut!

· ·

🔴 Café Spice, Carrer de Margarit 13, 08004 Barcelona
🔴 ÖPNV: Metro L3 (grün)/L2 (lila), Haltestelle Paral·lel

Der fröhliche Schandfleck

51 *Schrebergarten Forat de la Vergonya*

Hinter dem Zaun wachsen Bohnen und Tomaten. Ein Haufen vertrockneter Blätter liegt neben einem Blumenbeet und wartet darauf, langsam zu Humus zu werden. Ein stilles grünes Paradies. Doch dieser kleine Schrebergarten liegt nicht irgendwo am Stadtrand, sondern mitten in der Altstadt Barcelonas, in der Nähe des Mercat Santa Caterina. Das „Forat de la Vergonya", der „Schandfleck", so nennen die Bewohner den Platz mit dem kleinen Garten im Ribera-Viertel, ist ein schönes Beispiel dafür, was Nachbarn und Anwohner erreichen können, wenn sie zusammenhalten.

Im Zuge ehrgeiziger Modernisierungsmaßnahmen waren Immobilienbesitzer und Bauunternehmer vor mehr als zehn Jahren einig, mehrere alte Häuserblöcke abzureißen und neue schicke Wohnungen an deren Stelle entstehen zu lassen. 2006 hatten die Architekten bereits Pläne entworfen, wie und wo im Pou de la Figuera neue Lofts und ein großes Parkhaus für die zahlreichen Besucher des nahe gelegenen Picasso-Museums entstehen sollten. Auch die Bagger hatten an einigen Ecken schon ihre Arbeit aufgenommen. Doch wohin die Mieter, die seit Jahrzehnten im Viertel lebten, gehen sollten, hatte man nicht geregelt. Fest stand nur, dass niemand der bisherigen Einwohner die geplanten Designerwohnungen und Luxusapartments würde zahlen können. Die nicht gerade wohlhabenden Bewohner schlossen sich zusammen. Gemeinsam kämpften sie gegen die Abrisspläne. Sie setzten sich engagiert zur Wehr, gestalteten eigenhändig eine neue Grünfläche, legten Blumenbeete an, bauten einen Spielplatz und richteten sogar einen kleinen Gemüsegarten ein. Auch die Medien halfen. Mehrere Tageszeitungen berichteten ausführlich über das Selbstverwaltungsprojekt der Bewohner. Am Ende gaben die Behörden nach, und die Immobilienbesitzer hatten ein Einsehen. Statt neue Luxuswohnungen zu errichten, ließ man den großen Platz als Grünfläche für die Anwohner bestehen. Bis heute ist der Platz ein lebendiges Beispiel für ein soziales Miteinander. Der kleine Garten wird noch immer liebevoll gepflegt und gemeinschaftlich bewirtschaftet.

··

> Forat de la Vergonya, El Pou de la Figuera, Carrer dels Metges 23, 08003 Barcelona
> ÖPNV: Metro L4 (gelb), Haltestelle Urquinaona

Grün macht gesund

52 *Das Hospital de la Santa Creu i Sant Pau*

Fast wie ein kleines Paradies, friedlich und ruhig, voller Pflanzen und bunter Farben wirkt das Gelände des Hospital de la Santa Creu i Sant Pau. Lavendel blüht und verströmt seinen betörenden Duft. Sonnenstrahlen treffen auf bunte Kacheln und lassen die Gebäude in ihrer ganzen Pracht erstrahlen. Lluís Domènech i Montaner entwarf diese Anlage 1902, als die Stadtväter Barcelonas beschlossen hatten, das Armenkrankenhaus aus dem völlig überfüllten Raval-Viertel in einen Neubau vor den Toren der Stadt zu verlegen. Der Architekt war überzeugt, dass die Kranken in einer luftigen, freundlichen Umgebung besser genesen könnten. Das Umfeld des neuen Krankenhauses legte er parkähnlich an. Blumenbeete und Bäume, viel Grün und Natur zwischen den Pavillons, sollten zur Heilung der Patienten beitragen. Das Krankenhaus war eine Wohlfühloase, ein kleines Dorf mit allem Komfort, den die Technik um die Wende zum 20. Jahrhundert zu bieten hatte.

Als Architekt war Domènech i Montaner einer der Topstars des Modernisme, aber er war auch engagierter Politiker und Philosoph. Im Gegensatz zu Antoni Gaudí war er kein Eigenbrötler und Egozentriker, sondern als verantwortungsvoller Familienvater ein politisch und sozial engagiertes Mitglied der Gesellschaft. Er verstand sein Handwerk und kannte die Materialien, mit denen er arbeitete, ebenso gut wie die Ingenieure und Techniker seiner Zeit die ihren. Mit seinen Entwürfen für den Bau des Palau de la Música Catalana oder des Hospital Sant Pau i Santa Creu hat er viel Gutes für die Einwohner Barcelonas getan. Andere Projekte des Modernisme hingegen dienten häufig nur dem Ansehen und Prestige eines Sponsors.

Da der reiche Bankier Pau Gil i Serra keine Erben hatte, verfügte er in seinem Testament, dass nach seinem Tode der Großteil seines Vermögens zum Bau des neuen Krankenhauses verwendet werde. Erst durch diese edle Spende war der dringend notwendige Neubau überhaupt möglich. Ihm zu Ehren wurde der Name des Armenkrankenhauses von „Hospital Santa Creu" um den Zusatz „Sant Pau" erweitert.

- -

◉ **Recinte Modernista de Sant Pau, Carrer de Sant Antoni Maria Claret 167, 08025 Barcelona**
www.santpaubarcelona.org
◉ **ÖPNV: Metro L5 (blau), Haltestelle Sant Pau**

Im Himmel der Bücherfreunde

53 *Buchhandlung und Café La Central*

In hohen Regalen reihen sich die Buchrücken dicht an dicht aneinander. Es müssen Tausende sein, ach was, Zehntausende! Für echte Bücherwürmer ist es das Paradies auf Erden. Die nicht enden wollenden Sammlungen der Geschichten warten hier still darauf, von begierigen Lesern verschlungen zu werden. Es ist leise in der Welt der Bücher. Niemand spricht und wenn doch, dann nur im Flüsterton. Völlig versunken steht ein älterer Herr, der aussieht wie ein Kunst- oder Geschichtsprofessor, mit einem geöffneten Buch in der Hand vor einem der Regale. Der Text scheint ihn schon jetzt gefesselt zu haben.

Dieser Buchladen hält nicht einfach nur die Bestseller diverser Listen parat. Hierher kommen Leute, die Bücher wirklich sexy finden, wie ein Plakat im Treppenaufgang zur oberen Etage verrät. Neben den großen Namen der klassischen Schriftsteller ist hier auch Unbekanntes zu finden. Hübsch nach Themen geordnet, kann man in den Regalen für Philosophie oder Kunst stöbern oder die Abteilungen für Comic und Musik durchkämmen. Auf großen Tischen inmitten der einzelnen Säle liegen noch mehr Bücher in kleinen Stapeln dicht gedrängt. Einige locken mit verführerischen Bildern auf dem Buchumschlag, andere geben sich geheimnisvoll und lassen nur mit einem schlichten Titel und dem Namen des Autors auf dem Deckblatt erahnen, was sie in ihrem Innersten verbergen. In einer Ecke steht eine hölzerne Trittleiter bereit, falls die Arme eines Kunden nicht an das gewünschte Regalbrett heranreichen.

Sogar Kaffee gibt es. Im hinteren Teil des ersten Stocks hat man eine niedliche Cafeteria eingerichtet. Blümchen auf dem Tisch und kuschelige Kissen auf Sesseln und Bänken laden zum Verweilen ein. Auf Wunsch werden sogar Kuchen und Torten serviert. Etwas erschöpft von der großen Auswahl an Schätzen, die man gern alle mit nach Hause nehmen möchte, kann man sich hier vom literarischen Einkaufsbummel ausruhen und stärken. Wer seine Beute schon gefunden oder neue Kraft gesammelt hat, macht sich von hier aus beglückt auf den Weg zum Ausgang.

● Cosmo La Central, Carrer de Mallorca 237, 08008 Barcelona
www.cosmolacentral.com
● ÖPNV: Metro L3 (grün), Haltestelle Passeig de Gràcia oder Diagonal

Ein grünes Paradies

54 *Der Parc de la Ciutadella*

Glücklich strahlend gleitet ein Pärchen im Ruderboot über den kleinen Teich. Besonders an den Wochenenden ist die Grünanlage ein beliebter Treffpunkt der Einwohner Barcelonas. Bei schönem Wetter zieht es die Menschen einfach nach draußen, ins Grüne. Überall auf den Wiesen liegen junge Leute auf mitgebrachten Decken in der Sonne. Kinder spielen und Jugendliche hocken kichernd im Gras. Straßenmusikanten unterhalten die Besucher des Parks mit Trommeln oder Gitarren. Es herrscht Volksfeststimmung. Alle sind happy und haben gute Laune. Sogar der Luftballonverkäufer neben der Würstchenbude lächelt. Auch er scheint vom fröhlichen Treiben um ihn herum angesteckt worden zu sein.

Erst 1869 erhielt Barcelona die Erlaubnis, die massive Festung, die bis dahin hier stand, einzureißen. Von der Zitadelle blieb nur der Name übrig. Die neu gewonnene Fläche sollte den Bewohnern Barcelonas als Grünfläche überlassen und nicht wieder bebaut werden. Schon wenige Jahre später fand hier eine große Weltausstellung statt, mit der man der Welt zeigen wollte, wie fortschrittlich und weltoffen Barcelona geworden sei. Bis dato hatte kaum jemand in Europa von der kleinen Stadt Notiz genommen. Im Jahre 1888 wurde angesichts der nahenden Weltausstellung viel Geld ausgegeben, um mit der Weltausstellung 1889 in Paris mithalten zu können. An dem riesigen plätschernden Brunnen, der heute vielen leicht kitschig daherkommt, soll sogar schon der junge Antoni Gaudí mitgewirkt haben.

Ein paar der alten Gebäude von damals gibt es noch heute. Der Architekt Domènech i Montaner entwarf das Castell dels tres dragons als Cafeteria für das Ausstellungsgelände. Nicht weit davon entfernt steht ein geheimnisvolles verwittertes Glashaus, das ehemalige Hivernacle, in dem bis vor ein paar Jahren noch Grünpflanzen und bunte Tropenblumen rankten. Gleich daneben, im Umbracle, kann man bis heute durch eine tropische Pflanzenwelt spazieren. Irgendwie strahlen diese Gebäude noch immer den bezaubernden Charme der Jahrhundertwende aus.

●●

Parc de la Ciutadella, Passeig de Picasso 13, 08003 Barcelona
ÖPNV: Metro: L1 (rot), Haltestelle Arc de Triomf/Metro L4 (gelb),
Haltestelle Barceloneta/ Ciutadella

Gemütliches Beobachten

55 *Im gotischen Viertel*

Auf klapprigen Campingstühlen sitzen die Maler auf dem kleinen Platz neben der Kirche Santa Maria del Pi und bieten ihre Kunstwerke den vorbeischlendernden Touristen an. Ähnlich wie auf dem Montmartre in Paris befinden sich ein paar echte Künstler darunter, aber auch viele, die es erst noch werden wollen. Vor der malerischen alten Kirche wollen sie ihre Bilder an den Mann oder die Frau bringen. Zur Freude der hungrigen und durstigen Besucher, die sich hier gern von den langen Fußmärschen durch die Altstadt erholen, stehen sommers wie winters die Tische und Stühle von Bars und Restaurants auf dem kleinen Platz. Pi bedeutet auf Deutsch Kiefer, doch der Baum der der Kirche einst ihren Namen gegeben hat, steht längst nicht mehr.

Obwohl auf dem Platz stets reger Betrieb herrscht, verläuft sich kaum jemand in die unscheinbare, kleine Bar neben der Kirche. Die uralten Möbel machen einen leicht wackeligen Eindruck. Es ist eng und dunkel in der Bar, aber sehr gemütlich. Eigentlich ein wunderbarer Ort, um dem Treiben auf dem Platz in aller Stille zuzuschauen. Draußen eilt gerade eine ältere Katalanin hektischen Schrittes vorbei. Voll bepackt mit Taschen will sie wohl schnell ihre Einkäufe nach Hause tragen. Direkt neben dem Eingang ist eine junge Frau stehen geblieben, um mit einem der Gäste, offenbar ein Handwerker, ein kurzes Schwätzchen zu halten. Der junge Mann hat wohl in der Nähe zu tun und macht jetzt gerade eine Pause. Der Kellner bringt mir mit einem freundlichen Lächeln eine heiße Schokolade, die ich ganz langsam umrühre. Ob es hier im Mittelalter wohl schon ähnlich zugegangen ist? Vermutlich haben auch damals schon die Menschen auf dem Markt eingekauft oder sind hier entlang zum Gottesdienst in die Kirche geeilt. Während ich mit einem Lächeln auf den Lippen, still und leise Löffel für Löffel den süßen Inhalt meiner Tasse leere, verfolge ich das Geschehen vor der Tür und fühle mich fast wie im Kino.

· ·

● Bar del Pi, Plaça Sant Josep Oriol 1, 08002 Barcelona
▶ ÖPNV: Metro L3 (grün), Haltestelle Liceu

Vom Glück zu reisen

 56 *Die Estació de França*

Lange bevor es Billig-Airlines gab, als man noch nicht einfach mit dem Flugzeug schnell irgendwo hinfliegen konnte, träumten die Menschen meist nur von fernen Ländern. Flugreisen waren noch bis vor ein paar Jahrzehnten der High Society vorbehalten. Wer überhaupt reisen konnte, und sei es nur ein paar Kilometer von zu Hause weg, schätzte sich glücklich. In den Urlaub zu fahren war für die Generationen vor uns keine Selbstverständlichkeit. Doch es gab Orte, da konnte auch damals schon jeder kostenlos ein bisschen vom Duft der großen weiten Welt schnuppern. In den Küstenstädten waren das die großen Häfen mit ihren riesigen Schiffen. Und überall sonst gab es die Bahnhöfe.

Schnaubend und laut ratternd liefen dampfende Lokomotiven auch hier in Barcelona ein. Weil von der Estació de França viele Züge ins benachbarte Ausland fuhren, heißt diese Station noch heute „Frankreich-Bahnhof". Von Paris aus konnte man noch weiter nach Nordeuropa oder gar in den Orient reisen. Als die Bahnhofshalle Mitte der 1920er-Jahre eingeweiht wurde, hatte man sicher schon die Weltausstellung im Sinn, die 1929 in Barcelona stattfinden sollte. Wenn die Damen in aparten Kleidern und die Herren im schwarzen Anzug hier ausstiegen, brachten sie etwas vom Flair so aufregend klingender Orte wie Perpignan oder Paris mit nach Barcelona.

TIPP *Der alte Bahnhof liegt unweit des Parc de la Ciutadella – ein grünes Paradies.*

Den exotischen Touch ferner Länder bringen die Passagiere, die heute an diesem Bahnhof aussteigen, schon lange nicht mehr mit. Aber dafür ist es angenehm ruhig in dem großzügigen Gebäude. Obwohl hier noch tagtäglich Züge abfahren, fehlt heute die hektische Betriebsamkeit. Es geht gemächlich zu in den alten Hallen. Nur wenige Reisende kommen direkt aus dem Ausland. Was der Estació de França an internationalen Passagieren fehlt, macht sie allerdings durch ihre Eleganz wieder wett. Nur wenige Bahnhofshallen dienen so oft als Filmkulisse wie diese. In diesem Ambiente von fremden Ländern zu träumen, kann auch schon glücklich machen.

🔴 Estació de França, Avinguda Marquès de l'Argentera, 08003 Barcelona
🔴 ÖPNV: Metro L4 (gelb), Haltestelle Barceloneta

Das Kloster auf der Wiese

57 *Monestir Sant Pau del Camp*

Eigentlich ist es ein kleines Wunder. Mitten in der turbulenten Altstadt Barcelonas hat sich dieses winzige Kloster bis in unsere Tage gehalten. Es ist unglaublich, aber das Monestir Sant Pau del Camp steht schon über 1000 Jahre hier, an dieser Stelle. Als im neunten Jahrhundert die ersten Klostermauern errichtet wurden, lagen die Tore der Stadt noch weit entfernt. Schon der Name lässt die damalige Lage erahnen: Sant Pau del Camp heißt nämlich übersetzt so viel wie „die Kirche des Heiligen Paulus auf dem Felde". Der legendäre Urvater der Katalanen Guifré el Pilós (Wilfried I. von Barcelona, genannt der Haarige) soll einst den Bau des Klosters veranlasst haben. Fest steht zumindest, dass man im 16. Jahrhundert das Grabmal seines Sohnes und Nachfolgers Guifré Borrell hier fand. Eine Kirche, in der die sterblichen Überreste des Grafen von Barcelona beigesetzt wurden, muss schon von einiger Bedeutung gewesen sein.

Während der kurzen Besetzung Barcelonas durch die Truppen Almansors, des Kalifen von Córdoba, wurden Teile des Klosters zerstört. Doch unbeirrt baute man nach der Vertreibung der Mauren Sant Pau wieder auf. Im Laufe der Jahrhunderte suchten noch weitere Kriege das Gotteshaus heim. Unermüdlich reparierte man die kleine Kirche immer wieder aufs Neue. Sant Pau war kein großes Kloster. Da hier nie mehr als vier oder fünf Mönche lebten, sind die Räume und auch der Wandelgang erstaunlich klein.

Völlig verzaubert steht man mitten im Ausgehviertel Barcelonas ganz plötzlich vor den alten Mauern dieses fast verloren wirkenden Klosters. Palmen und Olivenbäume wachsen vor der Pforte und lassen den Besucher erahnen, wie schön es hier vor etwa 1000 Jahren ausgesehen haben muss. Wie die meisten romanischen Kirchen ist Sant Pau massiv gebaut, und nur wenig Licht dringt durch die winzigen Fenster ins Kirchenschiff. Dafür ist der kleine Kreuzgang jedoch ein fast schon idyllisches Plätzchen. Stilles Glück erfüllt den Betrachter, wenn helle, warme Sonnenstrahlen durch die Bögen zwischen den Säulen in den Innenhof fallen.

* * *

⊙ **Monestir Sant Pau del Camp, Carrer de Sant Pau 101, 08001 Barcelona**
www.santpaudelcamp.info
⊙ **ÖPNV: Metro L3 (grün), Haltestelle Paral·lel**

Buntes von gestern

58 *Vintage-Shoppen im Raval-Viertel*

Strickpullis in verschiedenen Brauntönen, quietschorange Lederjacken und lila Stiefel mit Glitzersternchen. Das Schaufenster des Vintage-Ladens ist alles andere als langweilig. Drinnen singen Elvis Presley und die Beach Boys inbrünstig ihre Songs von Liebe und Sehnsucht. Hier gibt es jede Menge Schätze aus vergangenen Zeiten. Längst haben sich die Secondhandläden vom Flohmarktimage der 1980er-Jahre befreit, auch im Sinne des Recyclings – Retro-Style ist heute angesagter denn je. Das Holala! im Raval-Viertel gibt es schon seit 40 Jahren. Bei so viel Erfahrung kann man sicher sein, dass hier nur die besten Fundstücke in die Regale kommen. Die handverlesenen Teile stammen nicht nur aus Europa. Auch Kitschiges aus Japan, Modesünden aus Australien oder kanadische Fashion von gestern kann man hier finden. Mir fällt ein Paar schwarzer Schnürstiefel im Mary-Poppins-Stil ins Auge. Das hellbraune Cowboyhemd mit Fransen erinnert an Old Shatterhand und den Wilden Westen. Ob das wohl echtes Leder ist? Knallrote Spielzeugautos und alte Kinosessel bilden den farbenfreudigen Hintergrund, vor dem blaue Stoffhosen, sportliche Sweatshirts, bunte Gürtel und Taschen präsentiert werden. Ein weißes Ei aus Plastik kann man aufklappen. Von innen leuchtet das mit Plüsch bezogene Ding in strahlendem Orange der 1970er-Jahre. Es dauert eine Weile, bis ich verstehe, dass es sich hier vermutlich um ein Sitzmöbel handelt. Mittlerweile sind es nämlich nicht nur auffallend grelle Klamotten, die die Kunden hier suchen. Auch alte Tische, Stühle, Uhren und jede Menge Dekoration finden hier ihre Abnehmer. Was einmal als der letzte Schrei galt ist heute wieder total angesagt. Man muss Dinge eben einfach nur lange genug aufheben.
Das Holala! In der Carrer dels Tallers 73 ist aber nicht der einzige Secondhandladen im Raval. In der Carrer dels Tallers und den angrenzenden Straßen der Altstadt wimmelt es nur so von verrückten Klamottenläden – ein Eldorado für Paradiesvögel.

● Carrer dels Tallers, 08001 Barcelona
● ÖPNV: Metro L3 (grün)/ L6 (lila)/ L7 (braun), Haltestelle Plaça Catalunya

Kleine Pause im Kunstpalast

 59 *Palau Robert*

Mit großen Augen schlendere ich durch die Säle der Galerie. Heute geht es im Palau Robert um Fotografen, die mit ihren ausdrucksstarken Bildern das Bewusstsein der Mitmenschen für ein bestimmtes Thema geweckt haben. Letztes Jahr widmete man in diesen Räumen dem Lebenswerk der ersten spanischen Fotojournalistin Joana Biarnés eine eigene Ausstellung. Neben den wechselnden Fotoausstellungen spielen aber auch Kunst anderer Art und Geschichte eine wichtige Rolle in den Räumen des Palau Robert. Das Angebot ist unglaubliche vielfältig, und für jeden Geschmack ist etwas dabei.

Als der wohlhabende Marqués de Robert Ende des 19. Jahrhunderts das Grundstück am Spazierweg von Barcelona nach Gràcia erwarb, bestand diese Gegend noch aus Feldern und Wiesen. Gerade erst begannen die Arbeiten zur Errichtung eines komplett neuen Stadtteils. Ganz im Gegensatz zu den üppig verschnörkelten Fassaden der modernistischen Bauten, die genau zu dieser Zeit in Barcelona sehr angesagt waren, ist der Palau Robert jedoch klassisch-schlicht und geradlinig-elegant.

TIPP *Der Eintritt in die Ausstellungen ist gratis.* Durch den hohen Torbogen der Einfahrt des Palau Robert sind es nur wenige Schritte bis in den Garten. Die Rückseite des prächtigen Gebäudes erhebt sich vor einem wolkenlosen blauen Himmel. Hier können Besucher und Passanten auf einer der Bänke ausruhen und sich für einen Moment vom quirligen Treiben der Stadt erholen. Im Winter scheint in dieser grünen Oase die Sonne auf kleine Orangenbäume und lässt die prallen Früchte leuchten.

Obwohl sich der Palau Robert direkt an der Kreuzung des Passeig de Gràcia mit der Avinguda Diagonal befindet und man in diesem Hinterhof nur wenige Meter von den viel befahrenen Ausfallstraßen entfernt ist, herrscht hier friedliche Ruhe. Im Sommer finden an lauschigen Abenden sogar manchmal Konzerte statt. So genießt man glückliche Momente der Kultur!

Palau Robert, Passeig de Gràcia 107, 08008 Barcelona
palaurobert.gencat.cat
ÖPNV: Metro L3 (grün), Haltestelle Diagonal

Köstlichkeiten & Kunst

60 Das Café Cosmo

Heute hängen mexikanische Piñatas unter der Decke, diese bunten Fabeltiere und Sterne, die normalerweise vollgestopft mit Süßigkeiten nur darauf warten, von mexikanischen Kindern zerschlagen zu werden. Dann springen sie in 1000 Teile, und süße Bonbons und bunte Lollis verteilen sich zur Freude der kleinen Geburtstagsgäste im ganzen Raum. Doch was machen diese grellbunten Pappmaschee-Figuren hier im Café? Das Cosmo ist nicht nur eine urgemütliche Cafeteria, sondern auch eine Art Galerie, in der ungewöhnliche Kunstprojekte vorgestellt werden. Wen und was man hier an den Wänden und unter der Decke vorfindet, ist immer eine Überraschung. Gleichbleibend sind die Fahrräder an den Wänden und der Eiswagen in der Ecke, der als Tisch dient. Das Kuchenbuffet verführt mit leckeren Torten und Cakes alle Naschkatzen. Es gibt auch eine Karte mit einfachen Gerichten, gesunden Gemüsesäften und köstlichen Suppen für wenig Geld. An den langen Tischen kann man gemeinschaftlich essen, und für diejenigen, die lieber in Ruhe lesen oder arbeiten wollen, gibt es kleine Einzeltische.

Neben all den kreativen Plakaten und Kunstprojekten ist ein runder Tisch mein persönlicher Liebling im Café Cosmo. An diesem Tisch kann man nicht nur seinen Cappuccino trinken oder Guacamole und Hummus dippen. Hier steht immer eine Vase frischer Blumen und unter der Glasplatte gibt es Tausende kleine Zettel mit Bildern und Nachrichten zu lesen. Manche Leute haben ihre Telefonnummer oder ihre Mailadresse hinterlassen, andere haben ein Gedicht geschrieben. Auf einer Serviette steht „Hello from Taiwan", auf einem abgerissenen Zettel entziffere ich „Familia Alvaro from Venezuela". Die hübsch verschnörkelten Buchstaben sind vermutlich thailändische Schriftzeichen. Besonders lustig sind die Zeichnungen. Von sehr gekonnt gemalten Gesichtern über bunte Schmetterlinge bis hin zu kindlichen Strichmännchen ist alles vertreten. Das Cosmo ist einfach ein sehr gemütliches Plätzchen für Studenten, junge Künstler, Kreative und für alle anderen.

• •

○ Café Cosmo, Carrer Enric Granados 3, 08007 Barcelona (direkt hinter der Universität)
www.galeriacosmo.com
○ ÖPNV: Metro L1 (rot)/Metro L2 (lila), Haltestelle Universitat

Oase mit Orangenbäumen

61 *L'Hospital de la Santa Creu*

Konzentriert schieben die älteren Herren im Sommer überdimensionale Schachfiguren durch die Gegend. Der wunderschöne Innenhof des ehemaligen Hospital de la Santa Creu ist eine grüne Oase im Gassengewirr des Raval, dem einst als Rotlichtviertel verrufenen Teil der Altstadt. Längst ist das Viertel modernisiert und zählt zu den angesagten Wohngegenden Barcelonas.

Zu Beginn des 15. Jahrhunderts wurden hier mehrere kleine Krankenhäuser der Stadt zusammengelegt. Für das neue Hospital errichtete man eine großzügige, moderne Anlage. Die Fürsorge oblag den Geistlichen, die sich im tief religiösen Mittelalter meist auch mit Kräutern und Tinkturen auskannten. Bis in die Zwanzigerjahre des letzten Jahrhunderts wurden hier die Kranken gepflegt. Noch 1926 wurde einer der bekanntesten Söhne der Stadt eingeliefert. Als der Architekt Antoni Gaudí eines Morgens auf dem Weg zur Sagrada Familia von einer Tram überfahren wurde, brachte man ihn hierher, ins Armenkrankenhaus. Niemand hatte den ärmlich gekleideten Architekten erkannt. Und so verstarb der große Sohn der Stadt hier im Krankenhaus.

Seit das Hospital Santa Creu 1929 in einen neuen modernistischen Gebäudekomplex umzog, haben sich hier in den alten Räumen verschiedene kulturelle Einrichtungen niedergelassen. Die großen Säle, in denen einst die Kranken gepflegt wurden, beherbergen heute eine öffentliche Bibliothek.

Im Herzen des wie ein Kloster angelegten Gebäudekomplexes erstreckt sich heute wie damals ein weitläufiger malerischer Innenhof, sodass viel Licht und Luft in alle Räume gelangen kann. Mit seinen Orangenbäumen ist er zu einem Ort der Ruhe und Erholung geworden. Von den Bögen unter der Decke tanzen einige ein wenig aus der Reihe, eine gerade Linie sucht man hier vergeblich. Doch gerade weil hier nicht alles perfekt ist, wirkt das Ganze einfach nur charmant. Unter den Schatten spendenden Bäumen und zwischen den Arkaden hocken heute junge Leute und trinken Kaffee, an einem zeitlos schönen Ort für eine erholsame kleine Auszeit.

○ L'Hospital de la Santa Creu, Carrer de l'Hospital 56, 08001 Barcelona
○ ÖPNV: Metro L3 (grün), Haltestelle Liceu

Das Herz schlägt im Takt

62 *Sardana tanzen vor der Kathedrale*

Katalanische Herzen schlagen im Takt der Sardana. Anders kann es gar nicht sein. So spürbar verbunden fühlen sich die Menschen mit diesem Tanz, dass die Begeisterung abfärbt. Alte und Junge, Hausfrauen, Berufstätige, Rentner und junge Mütter geben sich die Hände und beginnen zu tanzen. Es dauert nicht lange, dann springt der Funke von den Tanzenden auf zufällig vorbeikommende Passanten über. Es kann gar nicht anders sein: Katalanische Herzen schlagen im Takt der Sardana.

Auf den ersten Blick mag die Sardana vielleicht unspektakulär wirken, doch die Achtung und der Respekt, den die Menschen für diesen Tanz hegen, macht ihn zu etwas Besonderem. Es ist nicht nur Freude an der Bewegung, es ist eine innere Verbundenheit mit jahrhundertealter Kultur und Geschichte, die jeder beim Tanzen der Sardana fühlt. Sobald die Instrumente der traditionellen Cobla – des aufspielenden Musikensembles – erklingen, bilden die Menschen ganz spontan Kreise. Leichtfüßig sehen die kleinen Schritte aus, doch die Sardana ist weitaus komplizierter als es zunächst den Anschein hat. Die Abfolge einer Sardana ist genau festgelegt. Taschen und Rucksäcke werden stets in die Mitte des Tanzkreises gelegt. So stören sie nicht und können auch nicht gestohlen werden. Männer und Frauen stehen idealerweise abwechselnd im Kreis und geben sich die Hände. Dann folgen unterschiedliche Passagen mit längeren und kürzeren „passos". Der Höhepunkt des Tanzes ist erreicht, wenn der Rhythmus schneller wird und die hüpfenden Schritte größer werden. Dann reißen alle Tänzer gleichzeitig, ohne sich dabei loszulassen, die Arme nach oben. Sich an den Händen haltend tanzen sie fest miteinander verbunden. Das ist der Gänsehautmoment beim Tanzen der Sardana.

Direkt vor der Kathedrale in Barcelona findet fast jeden Sonntagnachmittag eine Ballada de Sardanes statt. Jeder, der freundlich bittet, darf dabei mitmachen. Für die Menschen in Katalonien ist die Sardana mehr als nur ein Tanz, sie ist ein Ausdruck ihrer Kultur und ihrer Traditionen.

TIPP Termine von Sardana-Aktivitäten finden sich unter portalsardanista.cat/agenda/actes-setmana-vinent

◉ La Catedral de la Santa Creu I Santa Eulàlia, Pla de la Seu, 08002 Barcelona
◉ ÖPNV: Metro L4 (gelb), Haltestelle Jaume I

Im Himmel über Barcelona

63 *Mit der Seilbahn über den Hafen schweben*

So zu schweben fühlt sich einfach genial an. Ganz langsam „fliegt" man über den Hafen hinweg, während unten die Autos wie kleine flinke Käfer über die Straßen Barcelonas flitzen. Die großen Kreuzfahrtschiffe, die im Hafen vor Anker liegen, wirken wie gemütliche Riesen gegen die vielen kleinen Autos. Auch auf dem Wasser gibt es Bewegung, allerdings geht es dort langsamer zu als an Land. Kleine Boote fahren hinaus aufs Meer, Jachten kehren zu ihren Liegeplätzen zurück. Im Sommer kann man sogar die Liegestühle auf dem Sonnendeck der ganz großen Schiffe sehen. Auf der Hälfte der Strecke ruckelt es kurz. Dann ist die Kabine an der Torre Jaume I angekommen. Das ist der stählerne Turm kurz vor dem World Trade Center, aus- oder einsteigen kann man hier nicht mehr. Das war bei der Einweihung der Seilbahnstrecke 1931 noch anders. Da mussten die Passagiere hier umsteigen, da die Gondeln nicht direkt vom Montjuïc bis zur Torre San Sebastià an der Barceloneta durchfahren konnten.

Ursprünglich sollte die Seilbahn schon zur Weltausstellung auf dem Montjuïc 1929 eingeweiht werden. Neben den Venezianischen Türmen, dem Poble Espanyol und dem Deutschen Pavillon des Bauhaus-Direktors Mies van der Rohe sollte sie eine der Hauptattraktionen der Messe werden. Doch leider begannen die Arbeiten viel zu spät, und so konnten sich die Gondeln erst ein paar Jahre später auf ihre erste Fahrt begeben. Während des Spanischen Bürgerkriegs musste die Seilbahn geschlossen werden. Die über 70 Meter hohen Stahltürme wurden in dieser Zeit als Beobachtungsposten genutzt. Doch zum Glück nahm man den Telefèric in den 1960er-Jahren wieder in Betrieb. Seit einer kompletten Renovierung der Anlage im Jahr 2000 „fliegen" die Gondeln nun auf neu gezogenen Seilen direkt vom Montjuïc an die Strände der Barceloneta. Das letzte Stück der Fahrt geht über die Köpfe der Badenden hinweg, dann landet man an der Torre Sant Sebastià.

🔵 Telefèric del Port, Abfahrt Montjuïc: Avinguda Miramar, 08038 Barcelona/Abfahrt Barceloneta:
Passeig de Joan de Borbó 88, 08039 Barcelona
www.telefericodebarcelona.com

Romantik hoch über der Stadt

64 *Ausblick vom Turó de la Rovira*

Bis vor ein paar Jahren trafen sich hier oben nur ein paar verliebte Pärchen, um am Abend gemeinsam den Sonnenuntergang zu betrachten. Sonst verirrte sich kaum jemand in die fernab des Zentrums gelegenen Ruinen der alten Bunkeranlagen. Längst ist dieses einst so stille Plätzchen auf dem Hügel des Viertels El Carmel kein Geheimtipp mehr. Obwohl keine Metrolinie direkt bis vor die alte Anlage fährt und man schon ein wenig laufen muss, um hierherzukommen, lockt die wohl schönste Aussicht auf Barcelona immer mehr Besucher in diese beschauliche Gegend. Hier oben gibt es keine Souvenirläden, keine Straßenmusikanten, keine Tapas-Bars oder Eisdielen. Dafür erzählen Steine, Mauerrelikte und verstreute Kacheln die Geschichte Barcelonas. Schon die alten Iberer hatten auf dem Hügel Turó de la Rovira eine Siedlung errichtet. Im Mittelalter dominierten Äcker, Weinberge und Mandelbäume die Landschaft. Zwischen Überresten von Bunkern auf einer alten Mauer sitzend liegt einem Barcelona heute regelrecht zu Füßen.

Die in die Jahre gekommene Diva entfaltet von hier oben betrachtet ihren ganzen Charme. Schnurgerade Linien teilen Barcelona in ein Schachbrett aus Orange-, Beige- und Brauntönen. Die Sagrada Familia scheint im Häusermeer fast zu verschwinden. Der Blick schweift von den Olympiabauten auf dem Montjuïc über die Schiffe im Hafen bis zur Torre

TIPP Nahe der Ruinen befinden sich einige erhaltene Bunkerräume, die man besichtigen kann.

Agbar, dem markanten Büroturm der Wasserwerke. Am Mittelmeer endet das Gewirr aus engen Gassen und breiten Straßen, und Barcelona macht Platz für ein unendliches Blau. Wer gegen Abend kommt, kann zusehen, wie die Sonne die Dächer der Stadt in ein warmes Licht taucht. Von ganz oben auf dem Hügel hat man praktisch einen 360-Grad-Blick und kann sogar einmal die unbekannte „Rückseite" Barcelonas sehen. Dieser Rundumblick war sicher auch der Grund, warum hier 1937 eine militärische Anlage zur Verteidigung der Stadt gebaut wurde. Heute genießen glückliche Besucher friedlich und freudig den weiten Blick über die Stadt.

🔵 Búnker del Carmel, MUHBA Turó de la Rovira, Carrer Marià Labèrnia, 08032 Barcelona
🔵 ÖPNV: Metro L5 (blau), Haltestelle El Carmel, dann Bus 119, Haltestelle Marià Lavèrnia/ Metro L4 (gelb), Haltestelle Guinardó, dann ca. 25 Minuten Fußweg

Symbol des Aufbruchs

 65 *Joan Miró, Dona i Ocell (Frau und Vogel)*

Ein langes Etwas ragt aus dem Wasser im Park. Die Skulptur in leuchtenden Farben ist eines der drei Werke, die der katalanische Künstler Joan Miró in den 1980er-Jahren entworfen hat, um die Besucher der Stadt Barcelona zu empfangen. Kommt man mit dem Flugzeug, übernimmt diese Aufgabe ein riesiges Mosaik an der Wand des Flughafenterminals. In der Nähe des Hafens erwartet den Besucher auf der Rambla ein Bodengemälde. Und alle, die Barcelona auf dem Landweg erreichen, begrüßt in der Nähe des Hauptbahnhofs die eingangs beschriebene Frau mit Vogel. Die mit einem Halbmond gekrönte Skulptur scheint trotz ihres Namens eine Verschmelzung von männlichen und weiblichen Formen zu sein. Aufgrund der bunten Mosaiksteinchen wirkt das Werk wie eine Hommage an Antoni Gaudí und das modernistische Barcelona.

Alle drei Figuren dieser Begrüßungsserie Mirós strahlen bis heute etwas von der Freude und der Aufbruchsstimmung aus, die in Barcelona zu Beginn der 1980er-Jahre herrschte. Man hatte die Diktatur endlich hinter sich gelassen, ein neues Kapitel wurde aufgeschlagen, der Weg in eine demokratische Ordnung war frei. Vor der Diktatur Francos geflohen, hatte sich Miró im französischen Exil mit anderen spanischen Künstlern wie Ramon Casas oder Pablo Picasso angefreundet. Während seiner Zeit in der Normandie versuchte er die beklemmende Atmosphäre des Bürgerkrieges zu verarbeiten. Seine Sternenbilder gerieten zum wütenden Aufschrei, Himmelskörper wurden zu einem immer wiederkehrenden Element.

TIPP Unbedingt auch das Mosaik auf der Rambla und die Wandmalerei am Flughafen ansehen!

In seinen Werken mit ihren kräftigen, reinen Farben, klaren Linien und reduzierten Formen ist Miró stets auf der Suche nach dem Wesentlichen, nach der Essenz der Dinge. Das gilt auch für die Frau mit dem Vogel. Der Mond ist für ihn weiblich und wacht am Himmelszelt über uns. Der Vogel verbindet die Himmelskörper am Firmament mit der Welt der Menschen auf Erden. Alle drei Figuren der Begrüßungsserie Mirós strahlen etwas von der Freude und der Aufbruchsstimmung aus – auch „Dona i Ocell" steht für den frohen Beginn von etwas Neuem.

● Parc de Joan Miró, 08015 Barcelona
● ÖPNV: Metro L1 (rot)/Metro L3 (grün), Haltestelle Plaça d'Espanya

Orientalische Gourmetküche

66 *Das Restaurant Parking Pizza – Parking Pita*

Ein sehr ungewöhnliches Konzept, die Delikatessen der arabischen Küche im Ambiente einer Autowerkstatt zu servieren. Klingt schräg, ist aber wunderbar! Kebab, Falafel und Humus kommen bei Parking Pita auf Gourmet-Niveau, aber im unkompliziert lockeren Ambiente auf den Tisch. Auf den ersten Blick ist man sich nicht sicher, ob das hier wirklich ein Restaurant ist. Schreiende Lichtreklame oder große Schilder, die am Eingang die Gäste anlocken? Fehlanzeige. Völlig unscheinbar kommt der Laden am Passeig Sant Joan daher. So schlicht, dass man beim ersten Mal glatt daran vorbeigeht.

Innen ist das Restaurant in zwei Bereiche aufgeteilt, in einem Bereich gibt es Pita, im anderen Pizza. Über einen Flur sind die beiden Räume, die immer noch das Flair einer industriellen Fabrikanlage verströmen, miteinander verbunden. Vorn im Pita-Restaurant kann man den Köchen beim Zubereiten der Kebabs und Gemüsegerichte zusehen. Die Gäste nehmen an einer langen Tafel auf kleinen Hockern Platz. Eine praktische Idee ist, dass diese Hocker sich öffnen lassen und man darin seine Taschen, Pullis oder störende Dinge aufbewahren kann, während man gemütlich tafelt.

TIPP Unbedingt noch ein Plätzchen frei lassen für Nachtisch wie Baklava oder Joghurt mit Honig.

Aber es geht hier nicht nur angenehm entspannt zu, das Essen ist wirklich köstlich. In der Küche werden frische saisonale Produkte verwendet. Das Pita-Brot ist selbst gemacht. Zwei Tage muss es fermentieren, bevor es im Holzofen gebacken wird – die Pizza kommt übrigens auch aus dem Holzofen. Außer Pita mit verschiedenen Füllungen gibt es noch eine kleine Auswahl an Gerichten mit oder ohne Fleisch: geräucherte Auberginen, Taboulé, überbackener Blumenkohl, gegrillter Lauch oder Tandoori-Huhn.

In Barcelona sind die Pitas aus dem Parkhaus definitiv die leckersten. Die Mischung aus Hülsenfrüchten, scharfen Saucen, frischen Kräutern und Gewürzen schmeckt wie aus 1001 Nacht – ein Hauch von Orient in der Tiefgarage. Noch dazu ist es überhaupt nicht teuer, und auch der Service ist supernett.

Parking Pizza – Parking Pita, Passeig de Sant Joan 56, 08009 Barcelona
www.parkingpizza.com
ÖPNV: Metro L2 (lila), Haltestelle Tetuan

Ein Abend in rotem Samt

 67 *Das Opernhaus Gran Teatre de Liceu*

Mit dunkelrotem Samt bezogene Sessel und goldene Leuchter. Behutsam fahre ich mit der Hand über die uralt scheinenden Nummern auf den Polstersesseln im großen Saal. In meinem Kopf erklingt „Norma" von Vincenzo Bellini, die Oper, mit der das Liceu einst eröffnet wurde. Andächtig wandele ich durch die heiligen Hallen der Oper.

Ehe die Eixample, die Stadterweiterung mit dem neuen, eleganten Passeig de Gràcia (sie löste die Rambla als Flaniermeile der Stadt ab), gebaut wurden, zählte das Liceu an der Rambla zu den wichtigsten Treffpunkten der Reichen und Schönen. Allein der Gang über die majestätisch wirkende Treppe mit dem roten Teppich versetzt den Besucher noch heute zurück in die Zeit, als Wagner und Verdi fast täglich von der Bühne tönten. Besonders Wagner hatte die wohlhabenden Einwohner Barcelonas damals begeistert.

1959 trat Maria Callas im Liceu auf, und ganz Barcelona war außer sich vor Begeisterung. Opernstars wie José Carreras und Montserrat Caballé hatten hier ein Heimspiel. 1994 traten die katalanischen Opernsänger sogar auf der Straße auf, um Geld für den Wiederaufbau des Liceus zu sammeln. Denn zweimal ist das Liceu abgebrannt, 1847 und 1994. Doch beide Male wurde die Oper neu und schöner als vorher wiederaufgebaut.

TIPP Wer keine Karten für eine Abendvorstellung ergattert, macht eine Führung durch das Liceu mit.

Von außen wirkt das Haus nicht besonders groß, aber sobald man den Eingangsbereich verlassen hat, erstreckt sich ein wahres Labyrinth an Gängen, Treppen und Fluren rund um den Hauptturm mit der Bühne. In der Garderobe herrscht kurz vor der Vorstellung kribbelnde Anspannung, wenn sich jeden Abend 20, 30 erst halb kostümierte, noch nicht fertig geschminkte Sängerinnen hektisch auf ihren Auftritt vorbereiten. Adrenalin pur! In der Schneiderei hängen prächtige Roben an den Wänden, die von fleißigen Händen genäht werden. Während der Vorstellung muss hier immer jemand bereitstehen, um eingreifen zu können, falls mal eine Naht platzt. Und wenn sich endlich der Vorhang hebt, atme ich tief ein und schwelge glücklich in einer Welt bunter Melodien.

🔴 **Gran Teatre del Liceu, La Rambla 51–59, 08002 Barcelona**
www.liceubarcelona.cat
🔴 **ÖPNV: Metro L3 (grün), Haltestelle Liceu**

 140

Drinks aus dem Bonbonladen

68 *La Confiteria*

Vor über 100 Jahren eröffnete Familie Pujadas ein Süßwarengeschäft im Carrer Sant Pau. Nur wenige Meter von der Avinguda del Paral·lel gelegen, befand sich der kleine Laden mitten im Theater- und Ausgehviertel Barcelonas. Zu dieser Zeit war die Gegend das Zentrum des Nachtlebens, ähnlich wie Pigalle im Pariser Viertel Montmartre. Kleine Theater und Kinos reihten sich nahe der Paral·lel aneinander und boten für wenig Geld Abwechslung vom harten Arbeitsalltag. Sogar ein eigenes Moulin Rouge hatte Barcelona damals. Das wurde 1939 zwar in „El Molino" umbenannt, funktioniert aber noch heute als Musiktheater und zieht mit Cabaret, Burleske und Flamenco die Besucher an.

In dieser Umgebung lockte also die neu eröffnete Confiteria mit leckeren Bonbons und süßem Gebäck. Hergestellt wurden die Süßwaren in der Backstube im Keller, unter dem Laden. Marzipan und Schokolade gibt es hier jedoch schon lange nicht mehr. Auch Turrón, Lollies und Pralinen sucht man heute vergeblich. Doch ansonsten hat sich in den Räumen nicht viel verändert. Die alten Tische und Bänke, selbst die Theke, sieht noch genauso aus wie 1912 bei der Eröffnung des Ladens. Nur stehen jetzt Whisky und Gin statt bunter Bonbongläser in den Regalen.

Die Confiteria verzaubert ihre Gäste schon, bevor sie den kleinen Laden überhaupt betreten haben. An der Fassade prangen dicke kleine Engel mit unschuldigem Blick und üppigen Füllhörnern neben der Eingangstür. Spätestens beim Übertreten der Schwelle erlag noch jeder dem gediegenen Charme des Ladens mit seinem glatt polierten Holz, unzähligen Spiegeln und verspielt verschnörkelten Blumenmustern.

Die modernistische Einrichtung macht einfach das ganz besondere Ambiente dieser Bar aus. Ob Anwohner aus der Nachbarschaft, Studenten oder Kollegen nach Feierabend – hier trifft man sich gern auf ein Gläschen. An den Wochenenden kommen viele Gäste auf einen Snack hier vorbei, ehe sie eine der zahlreichen Theatervorstellungen besuchen.

La Confiteria, Carrer de Sant Pau 128, 08001 Barcelona, confiteria.cat
ÖPNV: Metro L3 (grün) oder L2 (lila) Haltestelle Paral·lel

Die Kathedrale des Meeres

69 *Santa Maria del Mar*

Ungefähr zur selben Zeit, als die große Kathedrale Barcelonas gebaut wurde, entstand gar nicht weit entfernt noch eine andere Kirche, Santa Maria del Mar, die Kathedrale des Meeres. Im Gegensatz zur offiziellen Catedral La Seu, deren Bau von den mächtigen Grafen Barcelonas in Auftrag gegeben wurde, ist die kleine Basilika im heutigen Born-Viertel von den Anwohnern selbst errichtet worden. Im späten Mittelalter wollten die Bewohner des damaligen Hafenviertels ihrer Schutzpatronin Santa Maria del Mar ein eigenes Gotteshaus widmen. Alle packten mit an, die schwerste Arbeit leisteten jedoch die Bastaixos: Wenn sie nicht damit beschäftigt waren, die ankommenden Schiffe im Hafen zu be- oder entladen, schleppten sie die schweren Steine für den Bau der Kirche vom Montjuïc bis hierher. Doch während die Bauzeit der großen Kathedrale sich über Jahrhunderte hinzog, wurde die Santa Maria del Mar in einer Rekordzeit von nur rund 50 Jahren errichtet! Schon bevor man die Santa Maria del Mar betritt, weisen die Bilder an der Eingangspforte darauf hin, dass diese Kirche das stolze Ergebnis der gemeinschaftlichen Anstrengung der Bewohner des Viertels ist. Dort werden nämlich keine Päpste oder Adeligen, sondern die Bastaixos bei ihrer schweren Arbeit dargestellt.

Innen ist die Basilika angenehm hell, aber auch überraschend schlicht, fast leer. Statt golden glitzernder Malereien oder silbern glänzender Figuren erwarten den Besucher Licht und Ruhe. Dass die Kirche seltsam leer wirkt, hat mehrere Gründe. Während des Spanischen Bürgerkriegs wurde die Santa Maria del Mar bei einem Brandanschlag fast völlig zerstört. Die äußeren Mauern konnten zwar gerettet werden, doch der Innenraum war stark beschädigt und schwer verwüstet worden. Wer genau hinsieht, findet auch heute noch Zeichen, die das Feuer und die Jahrhunderte überdauert haben. Unter den mit Totenköpfen und Wappen verzierten Steinplatten im Boden der Kirche befinden sich jahrhundertealte Grabstätten. Eine bescheidene Kirche, die zur Andacht einlädt.

● Basilica de Santa Maria del Mar, Plaça de Santa Maria 1, 08003 Barcelona
● ÖPNV: Metro L4 (gelb), Haltestelle Jaume I

Süße Sünden aus 1001 Nacht

70 Die Pastisseria Princip

Ein süßer Duft umfängt mich, sobald ich die Tür öffne. Orientalische Gewürze, Zimt, Rosenwasser und Honig. Es sind die kleinen Häppchen vor mir in der Vitrine, die diesen Duft verströmen. Silberne Teekännchen und bunte Gläser in einer Ecke erinnern an einen Bazar im Morgenland. Bereits vor mehr als 30 Jahren ist Mustafa einst aus Syrien hierhergekommen. Bald hat er mit seiner katalanischen Frau diese kleine Bäckerei in Gràcia eröffnet. Seitdem steht der fleißige Zuckerbäcker Tag für Tag in seiner Backstube. Morgens um fünf beginnt er mit der Arbeit. Dann wird der Teig gerollt und geknetet, fast alles macht er noch von Hand. Walnüsse, Pistazien, Mandeln, Datteln, Feigen und Frischkäse werden in dünnen Filoteig oder feinen Mürbeteig gebacken. Wie aus feinsten Fäden gesponnener Kadayif-Teig wird zu kleinen „Vogelnestern" geformt. Auch Butter, Orangenblüten und Honig kommen in den süßen Kunstwerken zum Einsatz. Über 2000 dieser klebrigen Teilchen bereitet Mustafa tagtäglich zu. Nur ein kleiner Teil all dessen, was hier produziert wird, kommt jedoch hier im Laden in die Verkaufsvitrine, ein großer Teil ist für verschiedene Restaurants bestimmt. Nicht umsonst gelten die Syrer als Meisterbäcker des Orients – beim Anblick dieser Leckereien glaube ich das sofort.

Das einzige Problem in der Pastisseria Principe ist, dass sie einem die Auswahl wirklich nicht leicht macht. Soll man ein klassisches Stück Baklava nehmen? Oder lieber ein Kokos-Haselnuss-Häppchen? Leider sättigen die süßen Sünden auch echte Naschkatzen rasch. Darum muss man sich gut überlegen, für welche Knusperbissen man sich entscheidet. Eine Lösung wäre ja, mehrere zu kaufen, um sie später zu Hause zu essen! Die Pastisseria ist nicht nur ein sehr leckeres Stückchen Orient in Barcelona, sondern auch ein schönes Beispiel dafür, wie das Zusammenleben von Menschen aus den verschiedensten Regionen und Ländern hier im Viertel glückt. Denn die Pastisseria Principe ist mittlerweile genauso ein fester Bestandteil Gràcias wie die Tapas-Bars und die Castellers.

Pastisseria Principe, Carrer Guilleries 10, 08012 Barcelona
ÖPNV: Metro L3 (grün), Haltestelle Fontana

146

Der dicke Kater des Raval

71 *Fernando Botero, El Gato (Der Kater)*

Dick und glücklich grinst er die Passanten an, der voluminöse Kater auf der Rambla del Raval. Kinder wollen auf ihm reiten, asiatische Touristen wollen ein Selfie mit ihm machen. Der Kater ist ein Teil des Raval geworden, dabei hat er lange gebraucht, um seinen Weg hierher zu finden. Ursprünglich stand „el gato de Botero", wie der rundliche Kater in Barcelona offiziell genannt wird, nämlich im Parc de la Ciutadella. Von da aus ging es für ein paar Jahre in die Nähe des Olympiastadions und von dort auf eine kleine Plaça in der Nähe der Drassanes. Erst seit 2003 steht der katalanische Garfield auf der Hauptflaniermeile des Raval-Viertels. Hier scheint er sich wohlzufühlen.

Die runden, üppigen Formen sind das Markenzeichen des kolumbianischen Künstlers Fernando Botero. Der Kurvenreichtum seiner Skulpturen, zu der auch das dicke Pferd am Terminal 2 des Flughafens von Barcelona zählt, hat ihn weltberühmt gemacht. Der Kolumbianer hatte sich erst im Laufe seiner Karriere von einem der bedeutendsten Maler Lateinamerikas zum Bildhauer entwickelt. Aus armen Verhältnissen stammend, kam Botero eines Tages per Schiff nach Europa. Er reiste von Barcelona nach Madrid, Rom und Florenz, studierte die Techniken der alten Meister und kopierte sie. Zurück in Kolumbien entwickelte er seinen eigenen Stil, eine Mischung aus europäischer Geometrie und dem bunten Farbspiel der ländlichen Umgebung, in der er aufwuchs. Die Üppigkeit seiner Figuren ist fast immer gepaart mit einem schelmischen Humor. Bei den von ihm dargestellten Menschen geht sie oft mit einer naiven Sinnlichkeit einher, die unserem Kater natürlich fehlt. Botero verleiht seinen voluminösen Figuren oft einen leicht ironisch wirkenden Ausdruck. Oder ist es nur die kolumbianische Art von Humor? Ob unser gut gefütterter Kater nun ein verwöhntes Haustier oder ein echter Bohemien ist, sei dahingestellt. Fest steht, dass der Kater mit dem frechen Grinsen sich zum Liebling des Ravals entwickelt hat und allen ein Lächeln entlockt.

● El Gato, ungefähr auf Höhe Nr. 10 der Rambla del Raval, 08001 Barcelona
● ÖPNV: Metro L3 (grün), Haltestelle Drassanes oder Paral·lel/Metro L2 (lila), Haltestelle Paral·lel

Duft nach Salbei & Honig

72 *Die Herboristeria del Rei*

Heute wie vor rund 200 Jahren duftet es nach frischen Kräutern, sobald man die Ladentür öffnet. Versteckt hinter den Arkaden der Plaça Reial liegt ein kleiner antiker Laden. Vor der Tür weist eine Plakette am Boden auf den ehrenvollen Titel als königlicher Hoflieferant „L'Herboristeria del Rei" hin. In den Regalen warten exotische Öle und Salben auf ihren Einsatz. Über 200 Kräuter, verschiedene Naturseifen, gesunde Kekse, von Hand gezogene Kerzen, Lakritze, Marmelade und alte Apothekerwerkzeuge zieren die Wände des königlichen Kräuterladens. Die Verkäuferin hinter der Theke wiegt eine Kräutermischung gegen Erkältung ab und füllt sie für eine Kundin in eine Papiertüte.

Eröffnet hatte den Laden einst ein Herr namens Josep Vilà. Der wollte 1818 in Barcelona seine selbst gepflückten Kräuter und Gewürze in einem eigenen Laden anbieten. Da er sich mit Wildkräutern und ihrer heilenden medizinischen Wirkung gut auskannte, eilte ihm sein Ruf schon bald voraus. Sogar die spanische Königin Isabel II. am fernen Hofe in Madrid ließ sich von Herrn Vilà Kräutermischungen anfertigen. Schließlich ernannte die Herrscherin den erfolgreichen Kräutermann sogar zu ihrem offiziellen Hoflieferanten. Als der kleine Laden 1823 an die Plaça Reial umzog, richtete der angesehene Bühnenbildner Francesc Soler i Rovirosa die neuen Räume im elisabethanischen Stil ein.

In der Mitte des Verkaufsraums thront noch heute ein Brunnen aus Marmor. Er ist dem schwedischen Naturforscher Karl von Linné gewidmet. Angeblich sollen in diesem Brunnen Blutegel, die früher zur Heilung bestimmter Krankheiten eingesetzt wurden, aufbewahrt worden sein. Zum Glück gibt es hier heute keine Blutegel mehr. Und die Kräuter sammelt Trinitat Sabatés, die aktuelle Besitzerin des Ladens, nicht mehr selbst in den Bergen. Aber ansonsten hat sich auch unter ihrer Leitung wenig in dem alten Kräuterladen verändert. Wie vor 100 Jahren werden Hustenbonbons einzeln in kleine Papiere eingewickelt, und es duftet nach Salbei und Honig.

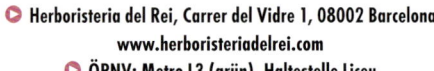

● Herboristeria del Rei, Carrer del Vidre 1, 08002 Barcelona
www.herboristeriadelrei.com
● ÖPNV: Metro L3 (grün), Haltestelle Liceu

Picknick im Grünen

 73 *Park Mossèn Cinto Verdaguer auf dem Montjuïc*

Leise plätschert das Wasser in dem kleinen Bächlein, das durch den Park läuft. Hier oben auf dem Montjuïc ist man weit weg vom Trubel in den Gassen der Altstadt. Es ist Frühling, und auch in Barcelona beginnt die Natur nun wieder, sich in prächtige Farben zu hüllen. Die ersten wärmenden Sonnenstrahlen im Jahr werden fast schon gierig genossen, später wird man sich eher vor ihnen zu schützen suchen. Doch im Frühjahr ist ein Tag mit Sonnenschein perfekt für ein Picknick im Grünen! Vom Ausgehviertel an der Avinguda de Paral·lel ist der kleine Park Mossèn Cinto Verdaguer nur ein paar Treppen entfernt. Bereits nach wenigen Schritten bergauf gelangt man zur Promenade des Montjuïc, der Avinguda Miramar. Von dort ist die Sicht auf Barcelona und den Hafen mit seinen kleinen und großen Schiffen einfach atemberaubend schön. Dann ist es nicht mehr weit – an einem kleinen Teich vorbeischlendernd kann man schon mal Ausschau nach einem geeigneten Plätzchen für das Picknick halten.

An einem Eukalyptusbaum hängen bunte Luftballons, dort findet ein Kindergeburtstag statt. Etwas weiter aber gibt es eine ruhige Ecke, und so wird im Schatten eines großen Baumes die Picknickdecke ausgebreitet. Man spürt das weiche Gras darunter, während man sich ausstreckt und den Blick in den fast wolkenlosen Himmel wandern lässt. Es ist so wunderbar still hier oben! Die vielen Menschen weiter unten in der Großstadt stehen jetzt gerade vielleicht im Stau, sitzen im Büro oder eilen von einem Termin zum anderen. Doch hier oben kann man die Hetze des Alltags hinter sich lassen und einfach für einen Moment die Augen schließen.

Irgendwo im Park zwitschern fröhlich die Vögel. Es duftet nach Hyazinthen und Jasmin. Ganz in der Nähe blühen Blumen in bunten Beeten. Dann ist es an der Zeit, in den Picknickkorb zu greifen. Ein frisches Brot, Käse, etwas Obst und eine Flasche Cava, der katalanische Sekt, kommen zum Vorschein. Alles wird noch hübsch drapiert, wir stoßen mit einem Gläschen an und naschen süße Erdbeeren.

••

◗ Jardins de Mossèn Cinto Verdaguer, 08038 Barcelona
◗ ÖPNV: Metro L2 (lila)/L3 (grün), Haltestelle Paral·lel oder Poble Sec, dann Funicular del Montjuïc oder ca. 15 Minuten Fußweg

Allerbeste Aussichten

74 *Palast des Meeres mit Mirador*

Auf der Terrasse des Palastes des Meeres stehend, lasse ich den Blick über den Hafen schweifen. Mehr oder weniger dort, wo ich gerade stehe, lag vor vielen Jahrhunderten eine kleine Insel, die Illa Maians, heute erstreckt sich hier das Barceloneta-Viertel. In den Stockwerken unter mir befindet sich das Museum der Geschichte Kataloniens. Eine schöne Vereinigung von Alt und Neu, von vielen Jahrhunderten Geschichte mit dem Hier und Jetzt.

Der Palast des Meeres wurde Ende des 19. Jahrhunderts im damals noch rein industriell genutzten Hafen Barcelonas errichtet. Es ist das einzige Gebäude, das noch aus dieser Zeit erhalten ist. Angeblich sollen die Londoner Docks den Architekten bei seinem Entwurf inspiriert haben. Dort, wo bis 1885 noch kleine Fischerboote am Strand gelegen hatten, wurde ein hochmodernes Lager mit ausgefeilten technischen Neuheiten wie Fahrstühlen und Transportbändern eröffnet. Nach dem Spanischen Bürgerkrieg wurde das Gebäude ganz unterschiedlich genutzt. Unter anderem befand sich hier das Hauptquartier der Grenzpolizei. Erst mit der Umstrukturierung des Viertels zu den Olympischen Spielen 1992 wurde auch der Palast des Meeres restauriert, und das überaus sehenswerte Museum katalanischer Geschichte zog hier ein.

TIPP Ein Besuch im Museu d'Historia de Catalunya ist unbedingt empfehlenswert. www.mhcat.cat

Die Terrasse im vierten Stock ist ein wunderschöner Ort, um ganz in Ruhe den Hafen zu beobachten. Unten im Hafenbecken schaukeln kleine Jachten sanft im Wasser. Weiter hinten schwimmen die großen Luxusschiffe der Superreichen. Ganz klein dazwischen erhebt sich ein winzig wirkender Turm mit einer großen Uhr. Der heutige Uhrenturm war früher ein Leuchtturm, der den Schiffen den Weg in den Hafen von Barcelona zeigte. Vom Montjuïc schwingen sich langsam die Kabinen der Seilbahn hinab. Fast schon majestätisch schweben sie über den Hafen. Sich einfach einmal Zeit zu nehmen, nicht auf die Uhr zu schauen und still vergnügt die tolle Aussicht zu genießen, weitet den Blick in jeder Hinsicht.

● Palau de Mar, Plaça de Pau Vila 3, 08003 Barcelona
● ÖPNV: Metro L4 (gelb), Haltestelle Barceloneta

Die süße Ecke

 75 *Orxateria Tio Che im Poblenou*

Eine wunderschöne Rambla, ein Spazierweg ganz ohne Touristen, führt durch das Poblenou. So authentisch wie hier ging es früher auch an der Rambla zu, die von der Plaça Catalunya zum Hafen hinunterführt. Das Poblenou war lange Zeit von der Industrie und den einfachen Arbeitern, die hier lebten, geprägt. Langsam bringen die Studenten der nahe gelegenen Universität und immer mehr Start-ups neues Leben in das Viertel. An einer der Straßenecken des Viertels befindet sich die Orxateria Tio Che, eine echte Institution, die seit über 100 Jahren Orxata de Xufa, eine süße Milch aus Erdmandeln, serviert. Xufas, also Erdmandeln, stammen eigentlich aus tropischen Regionen. Doch im achten Jahrhundert kamen diese Pflanzen mit den Mauren nach Spanien. In der Gegend von Valencia entwickelte man daraus ein leckeres Getränk, das nach Mandeln schmeckt und sehr gesund sein soll.

Obwohl diese Mandelmilch also ursprünglich aus Valencia stammt, gehört sie längst schon in ganz Spanien zu den Lieblingsgetränken der Einwohner und auch der Touristen. Besonders im Sommer herrscht Hochkonjunktur in den Orxaterias. Kalt und süß sollen die Erfrischungen sein, die den Durst in der sommerlichen Hitze löschen.

TIPP *Skulpturen und andere Kunstwerke gibt es auf dem nahen Cementiri del Poblenou zu sehen.*

Im Tio Che wird bereits seit fünf Generationen Orxata de xufa (auf Spanisch: horchata de chufa) serviert. Joan war der Erste seiner Familie, der als junger Mann allein von Valencia nach Barcelona kam. Er träumte davon, nach Argentinien auszuwandern. Doch die Schiffe fuhren nicht täglich, und das Ticket für die Überfahrt musste erst einmal bezahlt werden. Um das notwendige Geld zu verdienen, verkaufte Joan also Erdmandeln und Orxata, die er von zu Hause mitgebracht hatte. Es dauerte nicht lange, bis aus dem Straßenverkauf die erste Orxateria des Viertels entstand. Die Auswanderungspläne wurden verschoben. Zum Glück!

Das Tio Che hat nicht nur an turbulenten Sommertagen geöffnet. In den Herbst- und Wintermonaten geht es hier allerdings etwas ruhiger zu. Dann trinkt man hier eine Tasse Kaffee oder heiße Schokolade.

🔵 Orxateria Tio Che, Rambla del Poblenou 44–46, 08005 Barcelona
www.eltioche.es
🔵 ÖPNV: Metro L4 (gelb), Haltestelle Llacuna

Der märchenhafte Musikpalast

76 *Palau de la Música Catalana*

Dieser Musikpalast ist nicht einfach irgendein Konzertgebäude. Der Palau de la Música Catalana ist lebendig. Durch ein riesiges, buntes Fenster an der Decke fällt warmes Licht in den Saal. Wie eine Sonne die Planeten in ihrer Umgebung erhellt, so lässt dieses Fenster den ganzen Saal erstrahlen. Auf der Bühne schweben märchenhafte Fabelwesen, exotische Pflanzen ranken an den Wänden und unter der Decke. Die Magie des Palau de la Música erfasst nicht nur das Publikum. Auch die Künstler, die hier auftreten, sind von dieser kleinen, aber einmaligen Bühne begeistert. Und natürlich gibt es auch hier wieder Drachen und Rosen, die an die Legende des Drachentöters Sant Jordi erinnern. Die Rosen unter der Decke sind allerdings auch wichtig für die Akustik des Saals.

Der Palau de la Música Catalana ist weltoffen und multikulturell, gleichzeitig aber auch ein Ort, mit dem sich viele Katalanen identifizieren. Ursprünglich wurde das Gebäude nämlich für den Volkschor Orfeó Català gebaut, der noch heute Eigentümer des Palau ist. Der Chor wurde zu Beginn des letzten Jahrhunderts gegründet, als entlang des Passeig de Gràcia die ersten modernistischen Bauten entstanden. Jenseits der Plaça Catalunya wuchsen nun prachtvolle neue Gebäude zum schicken neuen Stadtteil Eixample heran. Der Orfeó Català entwickelte sich rasch zu einem wichtigen Bestandteil der katalanischen Kultur, und die Konzerte waren so erfolgreich, dass man bald einen eigenen Saal brauchte. Mit Spendengeldern gelang es, ein günstiges Grundstück in den engen Gassen der Altstadt zu kaufen. Der große Architekt Domènech i Montaner entwarf einen lichtdurchfluteten Musikpalast: Auf dem kleinen Balkon des Palau de la Música wandelt man durch einen ganzen Wald farbenfroher Säulen. Die Flure wirken wie elegante Flaniermeilen. Lampen erhellen die Treppen so, als würden Straßenlaternen ihr Licht auf sie werfen. Domènech i Montaner gelang es, das Leben der Straße in den Konzertsaal hineinzuholen und mit diesem Meisterwerk die Gesichter vieler Menschen vor Glück erstrahlen zu lassen.

● Palau de la Música Catalana, Palau de la Música 4-6, 08003 Barcelona
www.palaumusica.cat
● ÖPNV: Metro L1 (rot)/Metro L4 (gelb), Haltestelle Urquinaona

Wasser für alle

 Fonts Wallace – die Brunnen des Sir Richard Wallace

Sie tauchen irgendwo auf und verschwinden ganz heimlich wieder. Eigentlich sollten es zwölf Brunnen sein, so viele dieser öffentlichen Wasserspender schenkte der englische Millionär Sir Richard Wallace der Stadt Barcelona nämlich zur Weltausstellung 1888. Viele Einwohner Barcelonas erinnern sich auch heute noch daran, wie sie als Kind aus einem dieser Brunnen getrunken haben. Doch mysteriöserweise gibt es nur noch drei von ihnen. Statt der verschwundenen Originale entdeckt man hier und da ähnliche Brunnen, aber es sind meist Kopien und keine echten Wallace-Brunnen. Einer der Originalbrunnen steht vor dem Wachsmuseum auf der Rambla. Die beiden anderen Brunnen stehen Ecke Gran Via/Passeig de Gràcia und Gran Via/Marina. Diejenigen, die die Brunnen noch von früher kennen, sagen, es sei schwierig gewesen, aus diesen hohen Brunnen zu trinken. Anfänglich waren die nach ihrem großzügigen Spender benannten Brunnen noch mit kleinen Schalen ausgestattet. Aus hygienischen Gründen wurden die Gefäße aber irgendwann entfernt.

Sir Wallace hatte Ende des 19. Jahrhunderts die Belagerung von Paris miterlebt. Nach diesem dramatischen Erlebnis wollte er sicherstellen, dass auch die ärmsten Bewohner im Falle einer Krise, wenn Aquädukte zerstört und das Flusswasser schmutzig und ungenießbar ist, stets mit sauberem Trinkwasser versorgt werden. Also setzte Wallace sein Vermögen für die Planung von Brunnen ein. Sie sollten weithin gut sichtbar sein, sowohl praktisch als auch hübsch anzusehen, haltbar, leicht zu pflegen und nicht zu teuer. Denn Wallace wollte ja möglichst viele dieser Brunnen herstellen. Der Bildhauer Charles Auguste Lebourg entwarf schließlich das Meisterwerk mit den vier Karyatiden. Und so wurden diese Wasserspender mit den jungen Damen, die hier Güte, Nächstenliebe, Einfachheit und Ernsthaftigkeit darstellen, in ganz Paris verteilt. Aber zum Glück gab es die Wallace-Brunnen nicht nur in Paris, sondern auch in Barcelona.

··

Rambla Santa Mònica, 08002 Barcelona, ÖPNV: Metro L3 (grün), Haltestelle Drassanes
Ecke Gran Via/Passeig de Gràcia, 08007 Barcelona, ÖPNV: Metro L2 (lila)/L3 (grün)/L4 (gelb), Haltestelle Passeig de Gràcia
Gran Via/Marina, 08013 Barcelona, ÖPNV: Metro L2 (lila), Haltestelle Monumental

 160

Alte & neue Schönheitsideale

78 *Museu del Disseny*

Wunderschöne lange Kleider sind in den Vitrinen ausgestellt. Manche der eher robust wirkenden Stoffe verhüllen auf pompöse Art die Körper. Andere, fast durchscheinende Tuche fallen sanft, fast schwebend. Von fleißigen Händen wurden diese aufwendig gearbeiteten Stoffe zu wahren Kunstwerken zusammengenäht. Je nach Mode liegen die Kleider mal eng am Körper, mal stehen sie mithilfe eines Reifrocks weit vom Körper ab. Eine Zeit lang galt es als schick, die Körperrückseite üppig auszustaffieren und zu betonen. Es ist faszinierend zu sehen, wie sich die Mode von Epoche zu Epoche gewandelt hat.

Immer schon hat der Mensch versucht, sich zu verschönern. Mittels Farbe, Tattoos, Frisur oder Kleidung verändern wir unser natürliches Aussehen. Was wir gerade als hübsch oder angenehm empfinden, unterliegt dem Schönheitsideal der jeweiligen Zeit, der Mode also. Welcher Modestil gefragt ist, hängt wiederum von Dingen wie gesellschaftlicher Position, sozialen Umständen oder geltenden Moralvorstellungen ab. Manchmal galt es als schön, den Körper größer erscheinen zu lassen, dann wieder kleiner. Manchmal sollte viel, manchmal wenig verhüllt werden. Nach dem Ersten Weltkrieg wurden beispielsweise die Kleider der Frauen kürzer und praktischer, teilweise sogar androgyner. Das alles lässt sich im Museu del Disseny unterhaltsam ergründen.

Aber Design ist mehr als Mode. Auf den anderen Museumsetagen werden alte und neue Gebrauchsgegenstände gezeigt. Exklusive Designermöbel, Sessel oder Leuchten, aber auch ganz einfache Dinge, die industriell in Serie gefertigt werden, wie ein Wischmopp oder ein Mixer. Neben der reinen Funktionalität geht es immer auch um Farbe und Form. Die Sammlung reicht von mittelalterlichen Betten über Porzellanschalen bis zu Motorrädern. Im Grunde wurde alles, was wir benutzen, irgendwann einmal von einem Designer entworfen. Das Museum ist ein Ort geballter Kreativität, ein Platz an dem Dinge gesammelt wurden, die entworfen und designt wurden, um den Menschen ein wenig glücklicher zu machen.

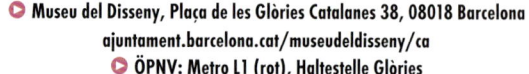

● **Museu del Disseny, Plaça de les Glòries Catalanes 38, 08018 Barcelona**
ajuntament.barcelona.cat/museudeldisseny/ca
● **ÖPNV: Metro L1 (rot), Haltestelle Glòries**